城市社区治理法治化研究

杨旭◎著

CHENGSHI SHEQU ZHILI
FAZHIHUA YANJIU

法律出版社 LAW PRESS · CHINA | 北京

图书在版编目（CIP）数据

城市社区治理法治化研究 / 杨旭著. -- 北京 : 法律出版社, 2024. -- ISBN 978 - 7 - 5197 - 9297 - 8

Ⅰ. D669.3

中国国家版本馆 CIP 数据核字第 2024Q58Q24 号

城市社区治理法治化研究
CHENGSHI SHEQU ZHILI FAZHIHUA YANJIU

杨 旭 著

责任编辑 李 群 赵雪慧
装帧设计 臧晓飞

出版发行 法律出版社
编辑统筹 法规出版分社
责任校对 张红蕊
责任印制 耿润瑜
经　　销 新华书店

开本 710 毫米 × 1000 毫米 1/16
印张 17.75 **字数** 214 千
版本 2024 年 8 月第 1 版
印次 2024 年 8 月第 1 次印刷
印刷 北京虎彩文化传播有限公司

地址:北京市丰台区莲花池西里 7 号(100073)
网址:www. lawpress. com. cn
投稿邮箱:info@ lawpress. com. cn
举报盗版邮箱:jbwq@ lawpress. com. cn
销售电话:010 - 83938349
客服电话:010 - 83938350
咨询电话:010 - 63939796

书号:ISBN 978 - 7 - 5197 - 9297 - 8
定价:68.00 元
凡购买本社图书,如有印装错误,我社负责退换。电话:010 - 83938349

目录

绪　论　001

第一章　国内外研究综述　005
第一节　国外研究综述　007
第二节　国内研究综述　014

第二章　城市社区治理法治化的理论基础　025
第一节　社区理论　027
第二节　治理理论　039
第三节　中国特色社会主义法治理论　044
第四节　社会治理共同体及相关理论　048

第三章　城市社区治理法治化的政策指引　053
第一节　从社会管理到社会治理转型的政策轨迹　055
第二节　习近平总书记有关重要论述　066

第四章　城市社区治理法治化的演进历程　079
第一节　初步探索（1949—1982 年）：城市基层管理逐步发展为“单位制”与“街居制”并存的阶段　081

第二节　基本形成（1982—2012 年）：城市基层管理从以社区服务为重点到推进社区建设阶段　083
第三节　全面深化（2013 年至今）：城市基层管理进入社区治理的新阶段　088

第五章　城市社区治理法治化的现实需求　091
第一节　法治化是城市社区治理现代化的关键　093
第二节　法治化是城市社区治理现代化的基本要求　095
第三节　法治化是城市社区治理现代化的重要手段　097

第六章　城市社区治理法治化的主要内容　105
第一节　城市社区治理法治化的目标定位　107
第二节　城市社区治理法治化的要素分析　111

第七章　城市社区治理法治化的实践探索　119
第一节　重庆市沙坪坝区：基层立法联系点的生动实践　121
第二节　北京市海淀区：创设“人和海淀”诉源治理需求响应平台　126
第三节　上海市徐汇区：运用法律科技创新公共法律服务新模式　131
第四节　深圳市福田区：“法治赋能”打造先行示范社区　137
第五节　成都市武侯区：信托制物业嵌入社区治理　143

第八章　城市社区治理法治化的发展“瓶颈”　149
第一节　立法层面：缺乏完备的城市社区治理规范体系　151
第二节　制度层面：城市社区行政化倾向制约治理成效　155
第三节　人才层面：城市社区法治人才队伍有待充足　158
第四节　保障层面：社区法治资源难以满足治理需求　160
第五节　文化层面：城市社区治理法治文化有待提升　163

第九章　城市社区治理法治化的提升路径　165
第一节　优化立法：健全城市社区治理法律制度体系　167
第二节　健全机制：理顺多元治理主体协同治理关系　176
第三节　人才队伍：完善城市社区治理法治人才体系　190
第四节　科技支撑：夯实城市社区治理法治保障体系　195
第五节　文化途径：持续推进城市社区法治文化建设　200

结　语　205

附　录　209
中共中央　国务院关于加强和完善城乡社区治理的意见（2017.6.12）　211
中华人民共和国城市居民委员会组织法（2018.12.29修正）　222
中华人民共和国社区矫正法（2019.12.28）　226
中共中央　国务院关于加强基层治理体系和治理能力现代化建设的意见（2021.4.28）　239
法治政府建设实施纲要（2021—2025年）（2021.8.11）　248

参考文献　265

后　记　277

绪　论

社会治理是中国特色社会主义事业的重要组成部分，社区作为城市居民生活和基层社会治理的基本单元，是城市治理的“最后一公里”，成为党和政府提供社会基本公共服务、开展基层社会治理以及居民邻里互动等的基本场域。统筹推进乡镇（街道）和城乡社区治理，是推进国家治理体系和治理能力现代化的题中应有之义，也是夯实党的执政基础、巩固基层组织能力的必然要求。习近平总书记指出：“基层强则国家强，基层安则天下安，必须抓好基层治理现代化这项基础性工作。”“要加强和创新基层社会治理，使每个社会细胞都健康活跃，将矛盾纠纷化解在基层，将和谐稳定创建在基层。”2021 年 7 月，《中共中央、国务院关于加强基层治理体系和治理能力现代化建设的意见》公布，要求“加强基层政权治理能力建设”。党的二十大报告进一步指出，“完善社会治理体系。健全共建共治共享的社会治理制度，提升社会治理效能”，“建设人人有责、人人尽责、人人享有的社会治理共同体”。2024 年 4 月，习近平总书记在重庆考察时强调，城市治理的很多工作要靠基层党组织这个战斗堡垒和社区这个平台去落实，要厘清城市社区职责事项，继续推动资源下沉、完善服务设施，强化网络化管理、信息化支撑，提高社区精细化治理、精准化服务水平。

法治作为社会治理的基本方式，也是城市社区治理要达到善治目标的必然依托，因为法治确立的规则边界具有指引、教育、规范、评价等功能，为社会秩序的规制和社会公平正义的维护提供了基本遵循。城市社区治理法治化，就是要求城市社区治理在法治的轨道上运行，通过有效发挥法治功能，积极回应城市社区治理的需求，凝聚城市社区治理共识，推动生成社会善治局面。党的二十大报告把“坚持全面依法治国，推进法治中国建设”作为专章进行阐释，“全面依法治国是国家治理的一场深刻革命，关系党执政兴国，关系人民幸福安康，关系党和国家长治久安。必须更好发挥法治固根本、稳预期、利长远的保障作用，在法治轨道上全面建设社会主义现代化国家”。该专章对基层治理提出了专门的法治化要求，“推进多层次多领域依法治理，提升社会治理法治化水平”。由此，加强和创新基层治理，提升城市社区治理法治化水平有着重要的理论与实践价值。

01

第一章

国内外研究综述

虽然基于不同国情，每个国家对城市社区治理法治化有不同的理论创新、制度设计与模式探索，但国内外学者都对城市社区的治理主体、治理模式、制度保障、优化路径等展开了多方位研究，认识到在法治政府建设视域下，城市社区治理法治化是社会发展的必然趋势，并且对法治作为基层治理的基本方式也达成了共识。这些理论探讨与实践探索为本项研究搭建了较为坚实的理论平台，提供了丰富的素材和珍贵的启示，但仍有从理论与实践结合角度进行深耕的必要。

第一节　国外研究综述

一、关于“法治”的相关研究

在法学历史上，真正对法治的研究可以追溯到古希腊的先哲。从《理想国》到《法律篇》，柏拉图的法律思想经历了一个从“哲学王”的人治到法治的转变过程。他从最初重视人治和德治，认为法治只是次优地位的辅助手段，到后来认识到他理想中的那位“哲学王”是很难存在的，如果难以短时间内把统治者改造成一个哲学家，就要强调法治的作用。柏拉图在《法律篇》中指出，“法律没有权威的国家易于毁灭，而法律高于统治者的国家则能得到神的祝福”，从而确定法律是治理城邦的依据。亚里士多德是柏拉图的学生，他在其经典名著《政治学》一书中明确了法治的定义，“我们应该注意到邦国虽有良法，要是人民不能全部遵循，仍然不能实现法治。法治应该包含两重含义：已成立的法律获得普遍的服从，而大家所服从的法律又应该是本身制定得良好的法律”。在这里，“良法”和“普遍服从”构成了亚里士多德法治观的基本内核。其中，“良法”是前提，“普遍服从”是法治所要达到的一种状态。①

古罗马人沿用了古希腊关于法治的思想，西赛罗在《论共和国》《论法律》等书中，认为正义价值是自然法，也来源于自然法，强调

① ［古希腊］亚里士多德：《政治学》，吴寿彭译，商务印书馆1965年版，第172页。

法律的至上性和法律的统治。他也以自然法为基础，阐明了正义的内容和特征，极大地丰富了古希腊以来的法治理念。17 世纪和 18 世纪的资产阶级革命时期，西方学者对法治研究的重点是如何通过限制公共权力，即政府权力，保证实现人民的基本权利和自由。19 世纪又涌现出了以戴雪、凯尔森、奥尔森等为代表的资本主义法治捍卫者，他们积极主张、宣扬资本主义社会中法治的重要性。英国著名法学家戴雪提出了“法治三要素说”：第一，任何人“惟独受法律治理”；第二，法律面前人人平等；第三，个人的权利是宪法赖以建立的基础。这也成为后来西方自由资本主义时期法治国家的模式参考。进入 20 世纪，西方学者对法治问题的研究越来越深入。“二战”结束后，有学者提出要将法治的形式和实质结合起来，实现其内在价值的统一，并进一步丰富了法治的内涵，代表人物有拉兹、富勒、哈罗德、罗尔斯等。其中，拉兹提出了法治的四个基本要素和标准：“一是通过法律保护人权，限制政府公共权力的滥用；二是良法的治理，这种良法最基本的要素就是必须尊重人的平等、自由、良心和尊严；三是通过宪法建立国家权力下放和权力制衡权力体系；四是建立司法独立，无罪推定等普遍司法原则，其形式以完善统一的法律制度，普遍有效的法律规则，严格公平的执法制度和专业的法律专业，为现代法治创造了一个原型。”①

法治含义的进一步发展是 1959 年在印度新德里召开的“国际法学家会议”上通过的《新德里宣言》，它确认了法治是一个“能动的概念”，并将法治概括为“三项原则”。后来在 1961 年 1 月，在尼日利亚首都拉各斯召开的法学家大会重申了这“三项原则”，并被称

---

① 何勤华：《法治是人类文明进步的结晶》，载《人民法院报》2014 年 12 月 24 日，第 5 版。

为“拉各斯法则”：一是立法机关发挥创设和维护是每个人保持“人类尊严”的各种条件；二是既要制止行政权滥用，又要使政府能有效维护法律秩序，借以保证人们具有充分的社会和经济生活条件；三是实行司法独立和律师自由。

二、关于“社区治理”的相关研究

（一）关于“社区”

“社区”一词最早出现于德国社会学家滕尼斯（Ferdinand Tonnies）在 1887 年出版的《共同体与社会——纯粹社会学的基本概念》，这里的“共同体”即“社区”。滕尼斯的研究方法是传统的宏观理论论证，并没有真正做实证的社区调查研究。他用“共同体”与“社会”这对二元对立的概念，来解释经历了工业化后的欧洲社会所发生的变迁。滕尼斯认为“共同体”是一种自然形成的、由本质意志所决定的一种人类共同生活形式，“社会”则是一种带有目的性的、机械形成的、由选择意志所决定的另一种人类共同生活形式。[①] 这种二元对立的二分法思想对后来社会学的发展产生了极大的影响。目前学界一直都将“共同体”的概念等同于“社区”的概念，强调社区的地域属性，有时会忽视社区所具有的情感特征。2005 年韦伯在《社会学的基本概念》一书中更加通俗化地解释了二者的区别，即“共同体”的存在基础是参与其中之人的归属感，而“社会”则是赋予理性且以共同利益为基础的。[②]

---

① ［德］滕尼斯：《共同体与社会——纯粹社会学的基本概念》，林荣远译，商务印书馆 1999 年版，第 54 页。

② ［德］马克斯・韦伯：《社会学的基本概念》，胡景北译，上海人民出版社 2000 年版，第 62 页。

早期真正进行基层社区考察的是法国大思想家托克维尔。他于1831年至1832年去了美国新大陆，对美国基层社区生活进行调查与记录，体现了一种全面综合的社会考察视角。他融入美国人的日常生活，深入分析了美国人的基层社区、基层组织、基层政治、基层社会生活。他的研究方法并不是后来的社会学标准的田野调查方法，而是一种纯粹的生活描述方法。

美国芝加哥学派代表人物有托马斯、帕克、伯吉斯、麦肯齐等。帕克提出了人文区位论，他认为“社区”是“盘踞在一块被或多或少明确地限定了的范围内人群的聚集，更明确可以说是组织制度的集合”①。芝加哥学派代表在社区研究方面的贡献是将社会学的研究风格从欧洲那种宏大理论的范式，转变成了实证主义的、以社区社会调查为基础的、可以把控的小的社会共同体研究。后来，以路易斯·沃思为代表的学者提出了社区消失论。路易斯·沃思在《作为一种生活方式的都市性》一书中提出，由于人口始终存在流动，区域性的社区研究没有实际意义，大众社会研究会被社区建设研究工作理论取代。20世纪50年代之后，以赫伯特·甘斯为代表的学者提出了社区继存论，以费希尔为代表的学者提出的社区解放论则彻底推翻了社区的消失理论。

（二）关于“社区治理”

1. 关于政府主导社区治理的相关研究

戴维·奥斯本等认为政府在行使权力的同时应当承担相应的义务，应根据公民的需求调整社区治理模式，并以法律作为行使社区

---

①［美］帕克等：《城市社会学——芝加哥学派城市研究》，宋俊岭译，商务印书馆2012年版，第110页。

管理权和承担义务的基本要求。政府应当首先满足公民的需求，而不是把重心放在行政科层组织的需求上。[①] 罗伯特·A. 达尔是美国多元政治论的代表人物，他在2011年所著的《谁统治：一个美国城市中的民主和权力》一书中以纽黑文市为例，提出社区治理应该提供更多元的管理方法，选择从行政任命、公共教育政策、城市重建的角度探索社区治理的模式，并指出为了均衡各参与主体的利益，需要法定的权力进行限制，以采取法律的规范方式形成具有特色的社区治理模式。[②]

2. 关于公民参与社区治理的相关研究

戴维·奥斯本和特德·盖布勒在《改革政府：企业家精神如何改革着公共部门》一书中提出，社会治理必须创新，吸引公众与企业家加入社会治理，形成政府、企业与公民的共同治理模式。简·雅各布斯则批判了以政府为主导的传统社区治理模式，他认为政府并没有足够的精力和能力处理社区的复杂问题，极力主张社区居民参与社区治理。理查德·C. 博克斯在其著作《公民治理：引领21世纪的美国社区》中提出，制定公共政策时，应明确“民众就是社区的主人和所有者，他们承担着社区治理责任”的观点，公民不仅是公共服务的接受者，更应该是公共服务的决策参与者，所以需要用法律明确公民参与社区治理的权利和义务，从而引导公民更加积极主动地参与社区治理。[③] 约翰·克莱顿·托马斯在分析社区参与主

① ［美］戴维·奥斯本、［美］特德·盖布勒：《改革政府：企业家精神如何改革着公共部门》，周敦仁等译，上海译文出版社1996年版，第131~135页。

② ［美］罗伯特·A. 达尔：《谁统治：一个美国城市中的民主和权力》，范春辉等译，江苏人民出版社2011年版，第89~92页。

③ ［美］理查德·C. 博克斯：《公民治理：引领21世纪的美国社区》，孙柏瑛等译，中国人民大学出版社2005年版，第66~67页。

体、参与方式以及参与内容的基础上，认为公民与其他治理主体的目标具有同一性，即更好地实现社区发展，应通过法律赋予公民参与社区治理的主体权利，激励公民更加积极地参与社区治理。①

三、关于"社区治理法治化"的相关研究

（一）关于社区治理与法治的关系

博克斯认为社区治理是由政府、社区代表、社区工作者、居民等多元治理主体依据法律形成的一个系统化的治理体系。社区治理也是政府和社区工作者等多元治理主体依据法律开展的一系列处理复杂多变的社区事务，提出相应解决方案的过程的集中体现。

（二）关于软法对社区治理的作用

西方学者普遍认为软法治理也是社区治理的重要形式。尤瑞卡·莫斯在《治理与管制中的软法——多学科分析视角》中通过总结关于社区治理的多领域、多学科研究，认识到软法在社区治理中的明确效果，从而认为软法治理基于现代治理的要求、软法自身的灵活方式与自我生存潜力等特点，能够为更灵活的非预测的政治决策创造更广泛的空间。卡罗尔·哈洛等在《法律与行政》一书中认为，软法治理是从公共治理与法学角度思考的结合，将软法有效应用于社区治理是对社区治理模式的创新。②

---

① ［美］约翰·克莱顿·托马斯：《公共决策中的公民参与：公共管理者的新技能与新策略》，孙柏瑛等译，中国人民大学版社 2005 年版，第 119 ~ 120 页。

② ［美］卡罗尔·哈洛、［美］理查德·罗林斯：《法律与行政》，杨伟东等译，商务印书馆 2004 年版，第 22 页。

四、国外研究述评

综合以上研究发现，国外学者关于法治的相关研究早于我国，对法治的内涵与实质要义有更深入的研究，对于社区治理法治化的相关理论研究与实践探究已经较为丰富与深入。国外学者基本形成了社区治理法治化的共识，认为社区治理法治化是社区发展的实质要义。在理论研究方面，国外学者从治理理论与法学理论相互交叉的角度进行多方位探索，形成了包括治理主体、治理模式、制度保障等较为完备与系统的社区治理法治化的理论体系；在实践探究方面，国外学者在政府购买第三方机构参与社区治理、吸引公民参与社区治理、软法在社区治理中的作用、社区治理中政府与其他治理主体之间的关系、开展多元化社区治理模式等方面积累了较为丰富的经验成果。虽然基于不同国情，每个国家有不同的制度设计，但这些认识与理论研究成果也为我国的城市社区治理法治化研究提供了重要的理论来源与研究思路。

第二节　国内研究综述

在治理现代化的背景下，基层治理成为国内学者的研究热点，城市社区治理法治化也成为其中的研究重点。国内学者从20世纪30年代开始致力于社区方面的相关研究，以费孝通先生为代表的社会学家引入了西方学界“社区”的理论和实证研究方法后，国内学者对社区、社区治理、社区治理法制建设以及社区治理法治化等理论与实践问题进行了深入系统的研究，形成了一系列丰富的研究成果。

一、关于“社区治理”的相关研究

（一）关于“社区”

“社区”是从西方学界引入的概念，国内学者最早翻译并对“社区”概念进行定义的是费孝通先生。费孝通先生在《乡土中国》一书中对社区作出了界定，“密切着各类社会制度的是人们的生活，人们的生活有时空的坐落，这就是社区，每一个社区有独特一套社会组成，以及各种制度组合的体例”[①]。2000年11月，民政部发布的《关于在全国推进城市社区建设的意见》中将社区定义为“聚居在一定区域范围内的人们所组成的社会生活共同体”。这些定义都强调了社区的“地域性”与“认同感”，虽然随着社会化进程的不断

① 费孝通：《乡土中国》，人民出版社2008年版，第116~117页。

推进，“社区”的内涵在不断丰富与扩展，但对社区这两个本质特性的最初认识仍然保留下来并得到学界的普遍认同。

（二）关于“治理”

俞可平在《治理与善治》中指出了治理的基本含义与善治的本质特征，“学者们之所以提倡治理理念，想用治理取代统治，是他们在社会资源的配置中既看到了市场的失灵，又看到了政府当局的失策”①。他认为治理的目的是要在各种各样的制度关系中引导好人们的行为，以最大限度地保障公共利益。因此，治理是要在一个既定的范围内通过制度规则规范、约束、引导各个关系中的人们的行为，维持公共秩序，维护公共利益，从而形成“善治”，即“良好的治理”。善治的本质就是在社会治理过程中实现公共利益的最大化，这是政府与其他治理主体对公共生活合作共治过程中所形成的良好状态。而随着社会的发展与转型，会出现市场失灵、政府失策的现象，政府推进职能转型，在社会治理中形成政府主导下的多元治理中心，同时政府在“有限政府”理念指引下权力下放，通过社区治理实现善治。在此基础上，夏学銮先生提出了“社区社会化”与“社会社区化”理念，他认为社区与社会发展的走向体现了社区与社会的辩证关系。建议用社区治理的原则来建设社会，社区治理要以人为本，社区各个组织相互合作，社区居民加强自治，从而提升民众对社会的信任感与归属感。②

---

① 俞可平主编：《治理与善治》，社会科学文献出版社2000年版，第7页。

② 夏学銮：《中国社区建设的理论架构探讨》，载《北京大学学报（哲学社会科学版）》2002年第1期。

（三）关于“社区治理”理论

多数学者基于多中心治理理论，对城市与农村社区问题进行了探讨。如陈燕平尝试搭建“一核多元”社区治理理论体系和应用框架，为社区治理的远景规范提供参考依据；高霞基于推进城市化进程中的城乡发展不平衡等问题，尝试构建政府、农村社区组织、市场主体、社区居民“四位一体”的农村社区治理机制，通过多元治理主体的参与合作、协商互助，有效发挥各参与主体的作用功能；李剑则通过分析影响城市社区治理的内外因素，尤其是针对经济欠发达地区的中小城市社区，提出转变政府职能，重视社会组织的培育与发展，积极发挥社会力量的作用，构建由政府主导，吸引社会力量参与的政府主导型社区治理模式。

（四）关于“社区治理”实践

社区治理既是理论问题，又是实践问题，在社区治理的实践探索领域，涌现了多个有代表性的现实案例。魏礼群在《社会管理创新案例选编》一书中汇编了多个案例，如天津市经济技术开发区社区建设的“泰达模式”、江苏省南京市建邺社区管理体制改革的“建邺模式”、江西省九江市彭泽县“中心＋村落”农村社区建设模式等。[①] 后来，魏礼群在《创新社会治理案例选（2014）》[②]《创新社会治理案例选（2017）》[③]《创新社会治理案例选（四）》[④] 系列丛

---

① 魏礼群主编：《社会管理创新案例选编》，人民出版社 2011 年版。

② 魏礼群主编：《创新社会治理案例选（2014）》，社会科学文献出版社 2015 年版。

③ 魏礼群主编：《创新社会治理案例选（2017）》，中国言实出版社 2017 年版。

④ 魏礼群主编：《创新社会治理案例选（四）》，中国言实出版社 2020 年版。

书中继续梳理汇编社会治理的创新案例，如北京市“社区青年汇”创新社会治理的探索与实践、江苏省南京市秦淮区“中心制—耦合型”社区共治模式的实践探索、山东省枣庄市创新社区矫正工作机制提升社区矫正工作水平等。也有学者致力于汇编某区域的社会治理实例，如学者崔明华汇编了上海市基层社会管理的创新案例。同时一些地方在社会治理方面的典型案例也形成了比较有代表性的社会治理模式，如“上海模式”“沈阳模式”“江汉模式”等，这些典型案例与治理模式也为基层社会治理提供了丰富而生动的素材。

二、关于“城市社区治理法治化”的相关研究

（一）关于法治作为基层治理的基本方式

学者普遍认识到基于法治本身所具有的稳定性、公开性、可预期性等优势，基层社会治理更能凸显治理过程的民主、平等、公平等特点，应当作为基层社会治理的基本方式。如辛向阳认为，政府以及其他治理主体行使权力、享受权益的前提都是由法律规则进行规制，通过法律规范明确各主体的地位与权利义务关系。① 很多学者是从国家治理体系和治理能力现代化的角度来阐释治理法治化的重要性。卢洪友认为，治理的制度化、法治化、规范化构成了治理体系和治理能力现代化的重要组成部分。② 许耀桐、刘祺认为，国家治理体系和治理能力现代化的实质就是民主之治、文明之治、科学之

① 辛向阳：《推进国家治理体系和治理能力现代化的三个基本问题》，载《理论探讨》2014 年第 2 期。

② 卢洪友：《从建立现代财政制度入手推进国家治理体系和治理能力现代化》，载《地方财政研究》2014 年第 1 期。

治与规范之治，本身就要求法治程度的提升。[①] 丁伟认为，法治是实现国家治理体系现代化的途径，原因在于法治导向型的治理体系具有可预期性、可问责性、可救济性等其他治理方式无法比拟的一系列优势。[②] 迟福林认为，国家治理转型的关键就是以法治建设为重点，改革与国家治理体系和治理能力现代化不相适应的体制机制、法律法规。[③] 季卫东在《法治中国》中明确提到“随着经济改革的深入，法治的重要性日益凸显，成为基本共识社会”，他主张通过构建法治秩序和推进法治建设来回应现实需求。[④]

（二）关于城市社区治理法治化的重要意义

很多学者认为社区治理法治化是国家治理现代化实现的基础，社区治理法治化对推进社区建设和社会法治化发展有重要意义。邓国璋从网格化管理与智慧社区建设在突发事件应对中所暴露出的问题展开分析，具体探讨了利用现有问题促进基层社会治理发展的具体策略，明确提出以法治的途径来推进和完善基层社会治理。[⑤] 梁迎修认为，我国城市社区建设和治理改革是基于社会发展需求在借鉴国外社区发展经验基础上由政府主导和推动的一场制度变革，在推进社区建设和治理改革过程中必须坚持法治化进路，通过构建完善的社区治理法治化体系，形成稳定的社区治理模式，以保障治理改

---

① 许耀桐、刘祺：《当代中国国家治理体系分析》，载《理论探索》2014 年第 1 期。

② 丁伟：《法治是实现国家治理体系现代化的必然路径》，载《上海人大》2014 年第 3 期。

③ 迟福林：《走向法治中国的行动纲领》，载《中国金融》2014 年第 21 期。

④ 季卫东：《法治中国》，中信出版社 2015 年版，第 128 页。

⑤ 邓国璋：《社区网格化管理及智慧社区建设分析》，载《产业与科技论坛》2021 年第 21 期。

革的权威性和提高治理改革的实效性。[①] 王增杰认为，在我国法治建设中，基层的依法治理具有基础性地位和作用。推进基层治理法治化，对于推进国家治理体系和治理能力现代化、维护改革发展稳定大局，全面建成小康社会，具有十分重要的意义。[②] 赵坤、张桔、李茜基于对南昌市在基层社会治理的实践分析，提出推进基层社会治理法治化是实现社会治理的基础性工程。[③]

（三）关于城市社区治理法治化的现状与发展模式

学者们普遍认为，我国的基层社会治理已经进入制度化、法治化、规范化的轨道，也在逐步形成较为完善的社会治理体系，但仍存在一些问题。如陈大为立足地方治理实际情况，提出辽宁省应走一条适合本省发展实际的法治政府建设之路。而社区治理作为国家治理的基础，应将社区治理创新与法治建设相结合，形成规范化的社区治理法治化体系。[④] 刘雁鹏在分析社会治理现状时认为，目前中国社会治理方面的规则体系逐步建立，法治宣传以及法律服务更加普及，公众参与社会治理更加普遍。但同时，社会治理也存在包括社会治理法制体系仍需完善、社会治理法治思维仍需加强、运用法治手段的水平仍需提高等诸多问题。[⑤] 郭旺仙在对当前城市社区治理

① 梁迎修：《我国城市社区治理法治化探析》，载《郑州大学学报（哲学社会科学版）》2014 年第 2 期。

② 王增杰：《推进基层治理法治化的思考》，载《中共山西省直机关党校学报》2015 年第 1 期。

③ 赵坤、张桔、李茜：《基层社会治理法治化研究——基于南昌市实践分析》，载《中共南昌市委党校学报》2021 年第 2 期。

④ 陈大为：《现实困境与治理取向：法治政府建设之路径——以辽宁省为例》，载《北华大学学报（社会科学版）》2018 年第 6 期。

⑤ 刘雁鹏：《全面推进社会治理法治化的对策思路》，载《中国领导科学》2020 年第 2 期。

的困境和创新路径的研究中指出，社会治理最重要和最困难的地方是基层治理，当前社区治理采取的政府指导模式、合作模式和自治模式还在试验阶段，应不断探索，加强社区治理体系建设，实现政府治理、社会调节、居民自治良性互动，如此才能构建适应社会发展的社区治理模式。[①] 谢家银、黄滢、吴春香认为，社会治理得以迈入稳健的法治化是一个长期工程，需要持久性建设。而社会治理的重点在基层，难点也在基层，当前基层治理仍未完全步入法治化轨道。研究通过分析基层治理法治化的有效运行要素，从法治依据、主体保障、法治观念、治理方式、权利保障五个方面探析基层治理法治化的路径。[②] 胡业勋、王彦博认为，当前民族地区社区治理在传统“问题回应型”的社区治理模式下，法治治理的被动化与工具化倾向凸显，法治路径也囿于强化规范供给回应治理规则贫困，尚未契合民族地区社区法治土壤的差异与迥殊。[③]

（四）关于城市社区治理法治化存在的不足

学者们立足基层调研，深度剖析了城市社区治理法治化存在的不足。如孙荣、梁丽在对社区治理现状进行分析的基础上，认识到社区法治建设中依然存在矛盾与缺陷，如现有法律服务机制与现实法律需求之间存在矛盾，社区法律体系与社区法治能力方面存在不足等。为适应社区法治化建设的新趋势，上海市杨浦区进行了“社

① 郭旺仙：《当前城市社区治理的困境及创新路径》，载《江南论坛》2020 年第 2 期。

② 谢家银、黄滢、吴香春：《推进基层治理法治化的路径探析》，载《广西教育学院学报》2021 年第 4 期。

③ 胡业勋、王彦博：《民族地区社区治理法治化范式的理性实践》，载《党政研究》2021 年第 4 期。

区法治专员”的制度设想。[①] 潘今艳以苏州工业园区唯亭街道过渡型社区治理法治化现状作为案例进行分析，认为现在面临的困境主要是行政化倾向、治理主体法治能力欠缺、社区法治服务不够、社区法治监督不足等。[②] 余倩认为，目前城市社区治理法治化存在制度供给不足、执行不力等问题，如社区治理立法与治理实践脱节、现有法律体系对社区治理中的法律纠纷问题应对不足、社区自治组织难以突破行政依赖性等。[③] 马俊基于对合肥市部分街道的调研，认为目前基层治理法治化仍存在法律制度供给不足、依法化解矛盾纠纷能力不强、基层干部群众法治素养不高等问题。[④]

（五）关于城市社区治理法治化的优化路径

1. 关于健全城市社区治理法治体系建设的相关研究

学者们普遍认为应加强社区治理方面的立法供给，为社区建设提供制度保障。徐选国认为，在社会组织与不同地方权力主体的合作治理过程中，形成了从“嵌入”“反嵌”到“双重嵌入”的机制演变，主导这种机制变迁的根本动因在于：不同主体共同遵循了“社区嵌入社会”的内在逻辑，通过对社区本质的追寻，健全社区治理的法治体系，使地方政府与基层社会的关系得以重构。[⑤] 周娟、全

---

① 孙荣、梁丽：《社区法治专员：社区治理法治化的理性认知与制度创新——以上海市杨浦区“社区法治专员”制度设想为样本》，载《理论与改革》2016 年第 4 期。

② 潘今艳：《过渡型社区治理法治化的路径探索》，苏州大学 2018 年硕士学位论文，第 21 ~ 24 页。

③ 余倩：《城市社区治理法治化：背景、要义及其困境超越》，载《荆楚学刊》2021 年第 1 期。

④ 马俊：《新时代基层治理法治化路径探讨——基于对合肥市部分街道的调查》，载《行政与法》2021 年第 4 期。

⑤ 徐选国：《走向双重嵌入：城市社区治理中政社互动的机制演变——基于深圳市 H 社区的经验研究》，载《社会发展研究》2016 年第 1 期。

永波基于创新基层社会治理的目标，调研分析了舟山“政社互动”机制运行的现状，从健全立法体系、平台搭建、运行机制等方面提出推进舟山基层治理的对策建议。① 罗豪才认为，新常态下法治经济建设需要“软硬兼施”，在继续完善相关硬法规范加强市场法律制度建设的同时，更应该积极鼓励软法之治，积极制定软法规范，发挥行业协会、商会等社会组织的作用，扩大社会组织的作用面和作用力，提升社会主体的自治能力，推动软法、硬法协调共治。② 寿均华认为，在当前开放化的网络社会下，基层社区治理法治化应以相关法规制度为支撑，构建完善社区管理法制体系。③ 李新刚认为，社区治理有别于自上而下的行政权力运行，强调治理主体的多元化及各主体之间的协调合作。要实现治理法治化，就应充分发挥基层党组织的引领作用，完善社区治理法律法规，明确政社分工，构建法治化治理模式，鼓励“四社联动”，促进协商共治，大力加强法治宣传教育。④

2. 关于城市社区治理法治化的发展建议的相关研究

学者们聚焦于从加强法治教育、提升法治服务、打造未来社区等角度提出推进社区治理法治化的发展建议。如王晓雅认为，应构建适应时代发展要求的社会治理法治化格局，打造“服务型”法治、“调节型”法治、“智慧型”法治和“共治型”法治。⑤ 白雯靖从强

① 周娟、全永波：《舟山基层治理中的“政社互动”机制探究》，载《农村经济与科技》2016年第5期。

② 罗豪才：《新常态下法治经济建设需“软硬兼施”——在第五届中国法律实施论坛上的讲话》，载《人民法治》2016年第1期。

③ 寿均华：《我国社区治理法治化建设对策研究》，载《法制博览》2020年第20期。

④ 李新刚：《社区治理法治化问题研究——以淄博市沁园社区为例》，载《现代交际》2020年第24期。

⑤ 王晓雅：《我国基层治理法治化的制度创新和实践路径》，载《吉林广播电视大学学报》2021年第3期。

化社区制度建设以营造良好法治环境、健全社区工作机制、厘清社区主体关系、提升社区治理主体的法治意识、建立专业的法治化服务队伍、拓展多方参与社区治理的渠道等方面提出推进社区治理法治化的对策。[①] 易有禄、熊文瑾认为，应通过优化多元治理主体体系、完善多元治理规则体系、健全多元治理方式体系，为城市社区法治化治理模式的实现提供发展方向。[②]

三、国内研究述评

梳理以上研究成果发现，国内学者在借鉴国外学者研究成果的基础上，对城市社区治理法治化的重要意义、现状与发展模式、存在不足、优化路径等方面展开了详细深入的探讨，认识到在法治政府建设视域下城市社区治理法治化是社会发展的必然趋势，对法治作为基层治理的基本方式也达成了共识。这些理论探讨与实践探索为本项研究搭建了较为坚实的理论平台，提供了丰富的素材和珍贵的启示，但仍有从理论与实践结合角度进行深耕的必要。

一是已有研究大多针对城市社区治理中的主体性问题进行研究，对城市社区治理立法供给的研究主要集中于城市社区治理的立法现状，关注城市社区治理法律规范的供给不足，较少关注城市社区治理相关法律规范在制度运行中的不畅等问题，即缺乏对城市社区治理法治体系的全局性研究，以及欠缺对城市社区治理法律规范有效衔接机制的研究。

---

① 白雯靖：《我国社区治理法治化建设对策研究——以苏州市社区治理的实践经验为例》，苏州大学 2018 年硕士学位论文，第 29 ~ 35 页。

② 易有禄、熊文瑾：《城市社区法治化治理：目标定位、要素构成及路径选择》，载《南昌大学学报（人文社会科学版）》2022 年第 3 期。

二是已有研究提出的城市社区治理法治化的路径建议较为笼统，可行性不够，很多研究立足治理要素，分析各个地方的社区治理困境，提出了相应的法治化路径，但较为零散，欠缺理论提炼，难以形成可复制的、可有效推广的城市社区治理法治化模式。

三是已有研究致力于明确城市社区相关立法中的各参与主体职责边界，并在此法律框架下探索多元主体协作共治模式。但对城市社区治理法治化过程中的法律关系分析仍有待深入。如城市社区治理中法律框架的法域地位问题的分析。居民委员会作为基层群众性自治组织，城市社区具有管理的自治性，城市社区立法中“软法”体系的作用、城市社区立法中是否应秉持私法为主的立法原则等社区治理中法律框架的法域地位问题的分析仍有必要探究。再如城市社区治理主体中各参与主体的角色定位、相互关系以及面临的困境。基层党建嵌入法治理论与实践的难点，城市社区自治组织如何有效参与社区治理、如何理顺多元治理主体的法律关系等。

当然，我国的基层社会治理情况呈现多样化的态势，各地基于经济社会发展条件的不同，构建了不同的城市社区治理法治化模式，本研究立足于地方实际，从个性化的城市社区治理法治化实践中提炼出共通的基层治理法治化的规律，从而对城市社区治理法治化研究提供理论支撑与经验借鉴。

02

第二章

城市社区治理法治化的理论基础

研究城市社区治理法治化，需要在治理现代化背景下，基于社区理论、治理理论、中国特色社会主义法治理论、社会治理共同体理论等相关理论，厘清基层社会与国家、基层社会治理与国家治理之间的关系，把握城市社区治理的内涵、治理逻辑和机制，提升城市社区治理法治化水平。法治是城市社区治理的基本方式，现代城市社区大多具备“陌生人社会”的基本特征，城市社区居民的“成员理性”逐渐增强，使城市社区“规则治理”具备前提条件；城市社区各治理主体间的法律关系逐步清晰，治理规则制度体系日趋健全，治理体制机制不断完善，也构成了城市社区治理法治化的基础。

第一节　社区理论

一、社区的概念

“社区”一词源于拉丁语，意思是共同的东西和亲密的伙伴关系。20 世纪 30 年代初，费孝通先生在翻译德国社会学家滕尼斯写于 1887 年的著作 *Community and Society* 时，译为“共同体与社会”，后来又译为“社区与社会”。社区这个概念由此被许多学者引用，并逐渐流传下来。滕尼斯在《社区与社会》中提到，“人们在共同体里与同伙一起，从出生之时起，就休戚相关，同甘共苦”。[①] 这里强调的有相同价值取向，人口同质性较强的共同体就是社区，旨在强调人与人之间的亲密关系、共同的价值追求以及对社区的归属感、认同感，是一种停留在过去的“理想类型”。体现了一种亲密无间，守望相助、服从权威且具有共同信仰和共同风俗习惯的人际关系。这种共同关系不是社会分工的结果，而是由传统的血缘、地缘和文化等自然因素造成的。

随着社会发展与转型，“社区”的内涵和外延不断丰富和扩展。西方学者从地域、结构、情感或行动等角度对社区进行归纳，如帕克认为社区是“盘踞在一块被或多或少明确地限定了的范围内人群

---

① ［德］滕尼斯：《共同体与社会——纯粹社会学的基本概念》，林荣远译，商务印书馆 1999 年版，第 54 页。

的聚集”,[1] 这些聚集的人群都不同程度地与他们赖以生存的土地有着密切的关系，他们也处于一种相互依赖的互动关系。国内很多学者也提出了自己的见解与主张，如费孝通基于共同地域，以若干社会群体（家庭、民族）或社会组织（机关、团体）为主体，生活上相互关联为特征，明确社区是具备上述要素的大集体，是“各种制度组合的体例”。2000 年 11 月，中共中央办公厅、国务院办公厅转发了《民政部关于在全国推进城市社区建设的意见》，标志着我国城市社区建设开始进入了规范化、法治化时代。该意见指出，“社区是指聚居在一定地域范围内的人们所组成的社会生活共同体”，从共同地域的角度确定了社区具有社会生活共同体的内涵。

二、社区的要素

社区是若干社会群体或社会组织聚集在某一个领域里所形成的一个生活上相互关联的大集体，是社会有机体最基本的单元，是宏观社会的缩影。尽管社会学家对社区的定义各不相同，但在构成社区基本要素的认识上还是比较一致的。学者们普遍认为社区作为“聚居在一定地域范围内的人们所组成的社会生活共同体”，应该包括一定数量的人口、一定范围的地域、一定规模的设施、一定特征的文化、一定类型的组织。构成社区的基本要素之间是相互依赖、有机统一的辩证关系，在不同时代背景下，呈现不同阶段的特征。

（一）人口要素

社区的主体是一定数量的人群。人是社会的主体，人口要素是

---

① ［美］帕克等：《城市社会学——芝加哥学派城市研究》，宋俊岭译，商务印书馆 2012 年版，第 110 页。

社区的第一要素。社区发展的实质是将社区资源和社区力量进行整合，形成合力来共同建设社区的过程。社区发展的目标就是建设一个和谐、繁荣、稳定、可持续发展的社区，以实现人的全面发展。人作为社会发展的主体，也是社区发展的主要承担者。社区人口，是指存在于一定时间和空间范围内，生活在一定社会生产方式下，具有一定数量和质量，并表现为一定结构的有生命的个人所组成的不断运动的社会群体。对社区人口要素的分析主要从人口数量、人口质量、人口结构、人口分布和变迁等方面进行。社区人口数量，是指一定时期居住在社区的人数。人口数量决定了社区的社会关系的数量和复杂程度，它既是衡量社区规模的重要标志，又是确定社区层次的重要依据。根据人口规模，可以将社区分为大型、中型和小型社区。大型社区的人口通常在 3 万以上，中型社区的人口规模在 1 万 ~3 万，小型社区的人口规模则低于 1 万。社区人口质量是社区发展的前提和基础，也是社区发展的重要表现，是指在一定时间、地域和一定社会制度下，人口群体所具有的认识世界、改造世界的条件和能力，包含身体素质、科学文化素质和思想道德素质。社区人口质量的测量包括平均预期寿命、残疾人口所占比重、教育水平等直接指标；医疗卫生和保健的普及程度、人口食物构成和营养状况指标、环境监测状况及污染指数等间接指标；生命质量指数、人类发展指数等综合衡量指标。社区人口结构，即社区人口构成，是指社区人口本身在一定时期的内部组合状态，一般用组成部分的比例关系来表示。社区人口结构类别根据其性质特征，可以划分为人口自然结构、人口地域结构和人口社会结构。人口自然结构包含年龄、性别结构等；人口地域结构包含自然地域、行政区划、城乡结构等；人口社会结构包含民族、宗教、教育程度、职业、婚姻状况等方面的情况。社区人口分布是指一定时期人口在社区范围内的空间分布状况，即社区内人口的自然或地理分布情况。人口分布包含扩散型人口再分布，即随着人口的增加，人类通过人口迁移不断拓展居住空间的过程；内聚型人口再分布，即随着人口的增加，人口不断聚集，人口密度的不断增强形成人口生存的新战略。人口分布通过人口密度、人口集中系数、城市化指标等进行测量。社区人口变迁是指社区内居民数量的进出和增减，以及其在空间分布上的变化。包含人口自然变迁，即由于人口的出生和死亡而引起的人口数量的变动；人口机械变迁，即人口在空间位置的移动；人口社会变迁，即人口在社会有机体中的组成状况的变化。

（二）地域要素

社区存在和发展的前提是地域。地域是人们从事各项社会生产和社会活动的具体场所，也是人们所处的基本生存空间。地域是自然、社会、人文等诸多要素的共同作用下形成的综合体，不同的社区地域会形成独具特色的社区地域景观，从而形成不同的社区地域文化。社区地域即社区的地理位置和地理环境，包括土地的位置、面积、地势、气候、动植物及其价值等，对整个社区的性质和发展方向有着重要影响。社区必然要求具备一定面积的区域和有明确的地域界限，所以社区地域要素是社区与社会组织、社会群体相区别的根本之处。

（三）组织要素

维持社区良好运行的秩序需要相应的制度规范和管理机构作为基础保障。社区作为由若干社会群体或社会组织聚集在一定空间区域并相互关联的社会生活共同体，必然需要依托一定的管理机构在相应的制度规范下引导、协调社区人群的生活和各类行为。社区组织就是为了满足社区内多元利益主体的生存发展需求，协调各类主体的利益关系，维持社区的良好运行秩序，依据相应的制度规范、程序要求而建立起来的各种团体和机构。根据社区组织所要调整的利益主体的关系的不同，社区组织可分为正式组织和非正式组织。正式组织和非正式组织都是社区的重要组成部分，二者相互联系、互为补充，对构建良好的社区人际关系网、推动社区良性发展起着重要的作用。正式组织要确保社区成员的行为符合社区的整体利益和发展方向，具有明确的设立规程、组织目标、组织制度、组织体系和运行机制。正式组织有较为固定的场地、较为完善的设备和丰富的社会资源，如社区党组织、居委会、服务中心、综治中心、工作站、银行、学校等。非正式组织通过独特的社交网络方式和互动交往方式，为社区人群提供交流感情、分享经验、解决问题和互助合作的平台。非正式组织具有居民自发形成、组织规模较小、组织体系不健全、组织规范性不强、组织约束力较弱、组织成员间关系较为紧密、对组织的认同感较强的特点，如社区合唱团、舞蹈队、养鸟社、书画社等。

（四）文化要素

社区文化是在一定的区域范围内，一定的社会历史条件下，社区成员在长期共同的社区社会实践中创造的具有本社区特色的精神财富及其物质形态。社区成员相互关联的基础是共同的文化背景和生活方式。社区文化是社区的地域特点、人口特性以及社区成员长期共同的经济和社会生活的反映，包括社区人群的文化观念、价值观念、社区精神、道德规范、行为准则、公众制度、文化环境等，其中，价值观是社区文化的核心。社区文化是社区人群在经常性的互动中，逐渐产生的共同的、特有的行为规范和价值观念，通过社区文化对社区成员所产生的价值导向性、情感归属性、行为引导性等影响，使社区成员在共同的行为规范倡导下，价值观念引领下，社区情怀的感召下，能产生强大的凝聚力，这是社区能保持可持续发展的重要因素。

社区文化不可能离开一定的形态而存在，这种形态既可以是物质的、精神的，也可以是物质与精神的结合。具体来说，社区文化可以包括环境文化、行为文化、制度文化和精神文化四个方面的内容。环境文化。社区环境是社区文化的第一个层面。它是由社区成员共同创造、维护的自然环境与人文环境的结合，是社区精神物质化、对象化的具体体现。它主要包括社区容貌、休闲娱乐环境、文化设施、生活环境等。通过社区环境，可以感知社区成员理想、价值观、精神面貌等外在形象。行为文化。社区行为文化也被称为活动文化，是社区成员在交往、娱乐、生活、学习、经营等过程中产生的活动文化。这些活动实际上反映了社区的基本风尚、精神面貌、人际关系范式等文化特征。通过社区活动，能动态地勾勒出社区精神、社区理想等。制度文化。制度文化是社区成员在生活、娱乐、交往、学习等活动过程中形成的，与社区精神、社区价值观、社区理想等相适应的规章制度、组织机构等。通过规章制度、居民公约等，可以反映出社区价值观、社区道德准则、生活准则等。精神文化。精神文化是社区文化的核心，是社区独具特征的意识形态和文化观念，包括社区精神、社区道德、价值观念、社区理想等。这是社区成员价值观、道德观生成的主要途径。

（五）心理要素

社区心理要素是社区居民在情感和心理上对自己所属社区产生的一种归属感和认同感。不同社区的不同社会结构会对社区成员的心理和行为产生不同的影响，社区的归属感是人们对生活的社区产生的自豪、漠然或者羞耻等情感；社区的认同感是指社区成员能与其他人积极互动，积极参与社区组织、开展的各类活动，积极履行公共准则，投入社区发展的各个环节，明确自己是社区中的一员，愿意承担社区治理的义务与责任。社区心理既与社区特有的风土地貌相联系，更与在社区共同生活中基于各类活动、处理各类问题等所形成的各种社会关系紧密相连，其使社区居民与社区能荣辱与共，成员之间睦邻友好，社区和谐发展，从而使社区共同体得以可持续发展。

（六）物质要素

社区物质要素是社区发展的必要前提，也是保证社区成员生产生活的必要手段。具体来说，社区物质要素就是为社区成员生产、生活、活动和发展所提供的一整套相对完备的基本服务设施和其他共同设施，包括生活设施、生产设施、商业设施、交通通信设施、安全保障设施、教育设施、医疗保健设施、文化娱乐设施等。这些物质要素不仅是维系社区成员生产生活的基本条件，也是把社区人群聚集起来的重要基础与纽带。

三、城市社区与农村社区

社区可以根据不同的标准进行划分。按主要功能可分为经济社区、政治社区、文化社区、军事社区；按规模大小可分为巨型社区、大型社区、中型社区、小型社区、微型社区；按形成方式可分为自然性社区、法定社区；按结构完整程度可分为整体性社区、局部性社区；按综合标准可分为农村社区、城市社区，等等。农村社区与城市社区可统称城乡社区，二者既有联系，又有区别。

（一）城市社区与农村社区的共同点

1. 城乡社区都是一定地域的社会共同体。从组织形式来看，城市社区与农村社区都是一定地域范围内的社会生活共同体。城市社区一般是街巷、里弄，或者法定和规划区域内人们所组成的社会生活共同体。农村社区一般是自然村、行政村、集镇等自然型的农村区域内人们所组成的社会生活共同体。

2. 城乡社区都具有社区的基本要素。城市社区与农村社区作为社区的两大主要类型，都具有社区的六个要素，即人口要素、地域要素、组织要素、文化要素、心理要素、物质要素。具体来说，都包括一定数量的人口、一定范围的地域、一定规模的设施、一定特征的文化、一定类型的组织。

3. 城乡社区建设的目标具有同一性。根据《“十四五”城乡社区服务体系建设规划》的要求，城市社区与农村社区建设都要坚持和加强党的全面领导，坚持以人民为中心，以增进人民福祉为出发点和落脚点，以强化为民、便民、安民功能为重点，以不断满足人民高品质生活需求为目标。

4. 城乡社区建设有相同的任务内容。城市社区与农村社区建设有相同的任务，如加强党建引领城乡社区服务、优化设施布局、优化城乡社区服务设施布局、增强城乡社区服务有效供给、完善多方参与社区服务格局、加强城乡社区服务能力建设，推进基层治理体系和治理能力现代化建设。

5. 城乡社区发展有趋同的愿景。在统筹城乡发展和城乡一体化进程加速的背景下，城市社区与农村社区发展的趋同是未来发展的总趋势。当前，城市社区的功能更加完备，服务体系更加完善，正在向更高阶段发展。如 2023 年年初，浙江省发布了全域未来社区建设的号召，省政府办公厅印发《关于全域推进未来社区建设的指导意见》，提出到 2025 年，浙江省将累计创建未来社区 1500 个左右、覆盖全省 30% 左右的城市社区，使未来社区成为城市社区新建、旧改的普遍形态。① 而农村社区的功能也在不断健全，服务体系不断提升，各种物质性基础设施和社会性基础设施所构成的平台系统持续改善，与城市社区的差距有缩小的趋势，如我国江苏省南部地区一些农村地区的社区建设水平与城市社区的差别已经很小了。当然，由于地域、自然、经济、文化等因素的差别，完全趋同是一个漫长的过程，但其总趋势不会改变。

（二）城市社区与农村社区的不同点

1. 城乡社区诞生的时代背景不同。我国城市社区建设是在社区服务发展的基础上开展的，1986 年，民政部首次把“社区”概念引入城市管理，提出要在城市中开展社区服务工作。1991 年 5 月，民政部首次提出了社区建设的概念，认为社区建设是健全、完善和发挥城市基层政权组织职能的具体举措，自此，城市社区建设全面展

① 《图解｜浙江省人民政府办公厅关于全域推进未来社区建设的指导意见》，载浙江省人民政府门户网站 2023 年 2 月 3 日，https://www.zj.gov.cn/art/2023/2/3/art_1229667608_2457696.html。

开。总体来说，城市社区建设是在单位制变迁、体制改革推动、社会治理空间变化、政权合法性要求等的背景下展开的。随着经济体制改革，经济和社会面临转型，单位制已不能适应社会发展的需要，原本由单位承担的服务职能只能转移给社会，越来越多的“单位人”变成“社会人”，同时随着改革的不断深入，城镇化进程不断加快，很多农村人口涌入城市，流动人员、下岗失业人员、离退休人员越来越多，新经济组织和新社会组织大量涌现，城市人口结构更加复杂，面对社会化进程中出现的新形势、新问题，为了实现整合社会资源、维护社会稳定、促进社会发展的目标，城市社区成为城市基层社会管理的基本单元。与城市社区成立的背景相比，2006 年党的十六届六中全会首次提出了“农村社区”概念，要求在全国范围内推进农村社区建设。农村社区是在农村社会内在变迁和统筹城乡社会发展及城乡一体化进程加快的多重需求压力下诞生的，根据《关于深入推进农村社区建设试点工作的指导意见》，随着中国特色新型工业化、信息化、城镇化、农业现代化进程加快，我国农村社会正在发生深刻变化，农村人口结构加剧变化，部分地区非户籍居民大幅增加，非户籍居民的社会融入问题凸显，部分地区存在村庄空心化现象，农村“三留守”群体持续扩大；农村利益主体日趋多元，农村居民服务需求更加多样，农村社会事业发展明显滞后，社会管理和公共服务能力难以适应；村民自治机制和法律制度仍需进一步完善等。面对农村基层社会治理的这些新情况、新问题，农村社区成为农村社会服务管理的基本单元。

2. 城乡社区的治理模式不同。我国城市社区治理模式日趋多样化。基于城市社区治理主体多元化以及发挥作用的机制不同，目前城市社区治理模式大致可以分为以下四种模式：一是“行政主导模式”，即政府依靠自身行政力量提供社区公共服务、完善社区治理架构、培育社区自治组织、推动社区公共参与的治理模式；二是“市场运作模式”，即依靠市场主体如房地产企业、物业公司等提供社区公共服务、培育社区自治组织、推动社区公共参与的模式；三是“社会自治模式”，即社会力量尤其是社区居民自发组织起来推动社区社会组织发育、处理社区公共事务、推动社区公共参与和提供社区公共服务的模式；四是“专家参与模式”，即专家学者通过提供咨询或直接介入的方式参与社区事务，为城乡社区治理创新提供必要的智力支持和社会资源。与城市社区治理多样化的治理模式不同，我国农村社区治理模式相对单一，主要采取行政主导与村民自治相融合的治理模式。我国农村社区根据发展的时间顺序和居民点分布的状况，可以分为散村社区、集村社区与集镇社区。散村社区是基于特殊地理环境而形成的分散的小村落；集村社区由散村社区合并而成；集镇社区由集村社区发展而成，已成为农村小型政治、经济、文化中心。以自然村落为聚居地的农村社区治理主体主要是村民委员会或村民小组，这种治理模式是在行政主导下实行村民自治；以乡镇街道为聚居地的农村社区一般由乡镇所在的街道或村来进行治理，虽然也采取行政主导与村民自治相融合的治理模式，但由于集镇社区由多处散落的村落的居民集聚而来，所以这种融合程度与自然村社区相比是不同的。

3. 城乡社区服务内容有差别。我国城市社区服务内容较为齐全，包括供水、供电、供气、环境卫生、社区环境绿化、治安保安服务、社区养老、综合治理等。城市社区在服务供给上具有范围相对广泛，供给质量较高的特点，能够有效满足城市社区居民的需要。而我国农村社区服务供给相对不足，在供水、供气、环境卫生、社区绿化、治安服务等方面仍然存在不足。

4. 城乡社区治理制度与机制有差别。我国城市社区治理制度和机制相对比较健全，与城市社区治理模式相对应，城市社区运行机制呈现出多样化的特征。城市社区运行机制主要包括行政机制、市场机制和社会机制，不同机制之间存在一定的互补作用。同时，城市社区治理制度相对比较健全，包括地方政府及相关工作部门制定的与社区相关的管理制度；各个社区自主制定的社区公约，如社区居民自己制定的文明养犬公约、业主大会及业委会管理制度、社区管理公约等，这些制度规定对城市社区发展起到重要的规范和促进作用。而我国农村社区治理机制相对单一。在农村社区发挥作用的治理机制主要是村民自治机制和行政机制，但由于乡村人口流失严重，青壮劳力外出务工等导致乡村社区村民自治程度有限。同时，农村社区在制度建设上也存在制度供给缺位和制度执行不力等问题，虽然农村社区也会制定村规民约，但这些村规民约的执行力度还需要提升。

第二节 治理理论

一、治理的概念

围绕治理的概念，国内外学术界展开了一系列研究，产生了诸多有关治理的理论学说，使治理理论成为国际学术界热门的前沿理论问题之一。治理涉及诸多具体的领域，在实践中应用广泛，但“治理”一词尚未形成统一的概念界定。“治理”一词源于古希腊和拉丁语中的“gubernare”，意思是引导、操纵、控制。[①] 目前治理的英文是“govern”“governance”“administer”等，意思为统治、掌舵、管理等。将治理这个概念和理念，从学术界引入政策界、舆论界及公众视野的机构是世界银行。1989 年，世界银行发布了《撒哈拉以南的非洲：从危机到持续增长》的研究报告，认为那个地区贫困难脱、增长乏力主要缘于治理危机，譬如，国家缺乏基本透明度和法律规范，官员滥用权力及严重腐败，政府堵塞了民众和社团的参与渠道等。该报告认为当时的非洲急切需要的不是资金和技术援助，而是“良好治理”。1992 年，世界银行发布了《治理与发展》的研究报告，提出了良好治理的分析框架，包括透明度、权力制衡、法治、公民权利的表达等。这些研究报告及主要内容产生了巨大影

① 刘震：《社会组织参与社会治理的路径研究》，南昌大学 2014 年硕士学位论文，第 10 页。

响，使“治理”这个词汇及其基本内涵，在全球范围内被广泛接受。全球治理委员会对于治理内涵的界定具有权威性和代表性，该机构将治理界定为“各种公共的或私人的个人和机构管理其共同事务的诸种方法之总和”。这些方法包括正式的制度、政体和非正式的制度安排，这些制度安排以权利义务为核心，实质是一个不断调和各种冲突、各类利益矛盾，促使不同利益群体逐渐走向合作共治。我国学者俞可平在《治理与善治》一书中从治理主体、治理目的等角度指出了治理的基本含义，“治理是指官方的或民间的公共管理组织在一个既定的范围内运用公共权威维持秩序，满足公众的需要”①。按照这样的界定，治理是多元主体紧密协同、良性互动、追求善治的一种状态和动态的过程。治理也是通过正式和非正式的良好的制度安排，来协调公共、私人部门以及私人之间的利益关系，以达成善治的目标，即实现政府、社会组织与公民对公共生活的合作治理，形成政治国家与市民社会的一种新颖关系，这也是一种最佳状态。

二、治理的特征

面对各地丰富多样的治理实践，再加上当前世界逐渐进入“发展环境面临深刻变化，国际环境日趋复杂，不稳定性不确定性明显增加”的进程中，这就需要准确把握新时代新阶段社会治理的总体特征。

（一）从“行政主导”到“多元参与”，社会治理主体多元化

治理是政府与非政府组织、公共机构与私人机构以及公民对公

① 俞可平主编：《治理与善治》，社会科学文献出版社2000年版，第7页。

共生活的合作共治，强调主体多元、合作共治。新时代社会治理主体从原有的在管理和统治理念下的“单一治理主体”转变为共治理念下的“治理共同体”，实现了从政府这个单一行政单元转变为包含各个机构、组织、群体甚至公民个体的多元梯队式的多元治理主体，实现了从“行政主导”向“多元参与”的转变。多元参与的治理共同体建设不仅蕴含着主客体共建、共治、共享的价值，同时能够在高度认同的前提下进一步提升社会整体的获得感、幸福感和使命感。

（二）从“全能政府”到“有限政府”，政府职能向社会转移

治理形成了政治国家与公民社会的一种新颖关系，强调国家与社会之间的合作，以更好地满足多元利益主体的多样化需求。如果说社会管理主体的多元化是对政府社会管理的补充，那么社会治理就是对社会管理主体多元化的进一步延伸。[①] 政府在社会转型的过程中也亟待转变自己的职能角色，从管理意识转变为服务意识，从“全能政府”转变为“有限政府”，这就要求政府依法履行对国家政治、经济和社会公共事务进行管理的职责，其他应由社会和公民个人承担的职责交由市场、社会组织和公民个人。

（三）从“经验治理”到“数字治理”，治理方式和手段多样

治理要求精准与高效，在面对多元利益主体的不同需求时，应采取针对性和多样化的治理方式和手段。提升社会治理的有效性需

---

① 童星：《中国社会治理》，中国人民大学出版社 2018 年版，第 11 页。

要解决“信息不对称”与“能力不足”的关键问题，政府在公共事务管理过程中也在探索多种方式、方法、手段、工具、技术等来实现治理的最佳效果。[①] 与以往主要依托个体、组织而形成的惯有的治理思路、治理机制、治理方案等“经验治理”手段不同，新时代新阶段社会治理要求政府通过广泛运用大数据、人工智能、云计算等为代表的数字治理手段，将数字技术嵌入政府行政模块和公共服务过程，借助数字技术手段进行科学分析研判，及时准确地回应特定公共治理需求，提升社会治理的信息化、智能化水平。

（四）从“以物为本”到“以人为本”，社会治理重心转变

治理要实现善治的目标，就要实现公共利益的最大化。这与以往强调数字化、指标化等的目标导向不同，新时代新阶段社会治理涵盖社会资源的共享化、基本公共服务的均等化、社会参与的广泛化以及社会保障的全覆盖等“以人为本”的治理理念。社会治理既要强调外在的制度性、技术性治理，也要注重内在的社会文化、心理情感治理。在法治视域下的社区情感治理实际上体现了良法价值在推进社区治理创新中的重要体现，也反映了社会治理从“以物为本”向“以人为本”的转型过程。

（五）从“供给导向”到“需求导向”，社会治理效能提升

治理强调政府主导、社会调节与居民自治的良性互动，这与以

---

① 唐兴霖：《国家与社会之间——转型期的中国社会中介组织》，社会科学文献出版社2013年版，第47页。

往强调上级行政部门单方面自上而下进行决策与输出的“供给导向”模式不同，新时代新阶段社会治理更加强调决策部门与目标群体通过协商议事、交流讨论、相互合作，挖掘目标群体的实质性、多样化需求，形成基于双方交互信任的“需求导向”模式。这一模式注重将社区现有资源与目标群体的优势进行整合，既用整体视角去把握社区所拥有的资源优势，也用问题视角去了解目标群体的现实困境、利益诉求，从而有针对性地进行有效治理。

第三节　中国特色社会主义法治理论

中国特色社会主义法治理论，是中国特色社会主义理论体系的重要组成部分，是中国共产党人在坚持马克思主义指导，吸收中国传统法律文化治国理政的智慧，借鉴人类一切先进法律文化的优秀成果，立足中国法治实践、解决中国法治问题，探索中国法治道路、法治体系的过程中形成的。[①]

一、中国特色社会主义法治理论以马克思主义理论为指导

习近平总书记在哲学社会科学工作座谈会上指出，“坚持以马克思主义为指导，是当代中国哲学社会科学区别于其他哲学社会科学的根本标志”。马克思把法律现象放在整个社会结构、阶级结构中来理解，“法的关系正像国家的形式一样，既不能从它们本身来理解，也不能从所谓人类精神的一般发展来理解，相反，它们根源于物质的生活关系”。马克思认为，法是统治阶级意志的体现，法的内容归根结底是由社会物质生活条件决定的。他强调法律以社会为基础，强调法律的阶级性，阶级性是法律的本质属性。这也是马克思主义法学区别于其他一切法学流派的最重要特征。

中国特色社会主义法治理论以马克思主义为指导，集中体现在

① 朱景文：《坚持和发展中国特色社会主义法治理论》，载《求是》2016 年第 18 期。

我国法治与社会主义基本制度的关系，法治与党的领导关系问题上。其首先要回答的问题就是法治的社会基础与法治的本质属性的问题。法治本质上是由社会物质生活条件所制约的社会基本制度决定的。我国的根本政治制度是人民代表大会制度；基本经济制度是公有制为主体、多种所有制经济共同发展，按劳分配为主体、多种分配方式并存以及社会主义市场经济体制。中国特色社会主义法治建立在我国的根本政治制度和基本经济制度的基础上，必然要维护和调节这些制度的发展与运行，这与资本主义法治建立在生产资料私有制基础上，要去维护和调节资本主义制度是有着本质的区别的。关于法治的本质属性，中国特色社会主义法治的根本要求就是要坚持中国共产党的领导。我国《宪法》第1条明确规定，“中华人民共和国是工人阶级领导的、以工农联盟为基础的人民民主专政的社会主义国家。社会主义制度是中华人民共和国的根本制度。中国共产党领导是中国特色社会主义最本质的特征”。因此，党的领导是中国特色社会主义最本质的特征，是社会主义法治最根本的保证，这也是中国特色社会主义法治与资本主义法治最大的不同。

二、中国特色社会主义法治理论吸收中国传统法律文化的智慧，借鉴人类一切先进法律文化的优秀成果

习近平总书记在哲学社会科学工作座谈会上指出，“中华民族有着深厚文化传统，形成了富有特色的思想体系，体现了中国人几千年来积累的知识智慧和理性思辨”。“绵延几千年的中华文化，是中国特色哲学社会科学成长发展的深厚基础。”中华优秀传统法律文化，以儒家为主导，道家、墨家、法家等各有自己的法律思想。儒家的法律思想强调礼与道德的作用，主张礼治、法治与德治相结合，

表现为“礼之用，和为贵”“礼乐不兴，则刑罚不中”的礼制论、“为政以德”“明德慎罚”的德治论、“为政在人”的人治论、“必也使无讼乎”的息讼论等；道家的法律思想倡导以自然形成的各类法则和规律治理国家，既否定儒家礼法的作用，又批判法家的严刑峻法，强调“道法自然”“无为而治”；墨家的法律思想以“兼爱”为其思想的核心，强调“兼相爱，交相利”的法律观、“天志”是法律的基础与来源，提出了初步的君主集权的法制统一观、“赏当贤，罚当暴”的刑赏论、维护劳动者权益的经济立法思想等；法家的法律思想强调以法治国，主要表现为“以法为中心，法势术相结合”的治国主张、“法不阿贵”的平等观念、“以法为教”的宣扬法律理念、“君无为，法无不为”的“人治”与“法治”关系等。中华优秀传统法律文化虽然对法律的地位和作用有着不同的认知，但在法治、德治、礼治、无为而治的关系问题上都提出了鞭辟入里的真知灼见，这些可承继、可借鉴的精华，是我们文化自信的来源，也对今天中国特色社会主义法治思想的发展起到了古为今用的作用。

习近平总书记在哲学社会科学工作座谈会上还指出，“国外哲学社会科学的资源，包括世界所有国家哲学社会科学取得的积极成果，这可以成为中国特色哲学社会科学的有益滋养”。中国特色社会主义法治理论不是排外的，而是开放的、包容的，它也要立足本国国情，借鉴吸收人类一切先进法律文化的优秀成果和先进经验。法治是一个既有普遍性又有特殊性的概念，其特殊性表现为每个国家根据不同的社会生活条件制定了不同的社会制度或者规则体系，普遍性则表现为法治所针对问题的共通性，即在很多国家都存在同样的问题。比如，各国普遍关注如何控制滥用权力的问题，但各国对这一问题的法治方式是不尽相同的，也没有一种统一的法治模式。中国特色社会主义法治则强调全面从严治党与全面依法治国相结合、依规治党与依法治国相结合、党规与国法辩证统一，坚持党领导立法、保证执法、支持司法、带头守法，把依法治国与依法执政结合起来。

第四节　社会治理共同体及相关理论

“全球化进程带来了许多亟待关注的问题和许多新的发展机遇，共同体是这些诸多问题与机遇中的核心。”① 党的十九届四中全会提出要“建设人人有责、人人尽责、人人享有的社会治理共同体”的目标，这是继习近平总书记在2019年中央政法工作会议上提出“打造人人有责、人人尽责的社会治理共同体”理念后，党中央对社会治理共同体的再次强调，也是继人类命运共同体之后党中央提出的又一共同体概念。党的二十大站在推进国家安全体系和能力现代化的高度，对完善社会治理体系作出新的部署，并再次强调要“建设人人有责、人人尽责、人人享有的社会治理共同体”。“社会治理共同体”也成为政治话语体系与学术话语体系的重要范畴。

（一）社会治理共同体思想生成的理论维度

从理论维度上看，社会治理共同体理论是对中国传统共同体思想的继承与转换，也是对马克思主义共同体思想的发展与创新。

社会治理共同体的构想正是来自中国传统共同体思想的文化基因。比如，《论语》提出“和而不同”“求同存异”，《大学》讲求“修齐治平”之道，《礼记·礼运》提出“大同社会”的理想，《道

① ［加拿大］戴安娜·布赖登、［加拿大］威廉·科尔曼：《反思共同体：多学科视角与全球语境》，严海波等译，社会科学文献出版社2011年版，第195页。

德经》表现出对“混而不同”和谐之治社会的期盼，墨家主张“爱无等差”“兼爱互利”等，都是中国传统共同体思想的重要组成部分。[①] 总体来说，中国传统共同体思想强调“责任先于自由”“义务先于权利”，主张“群体高于个人”“和谐高于冲突”。[②] 中国传统共同体思想中民为邦本、德法共治、和而不同等内容，对中国国民性和社会治理体系的形成发挥了重要的作用，直至今天仍有很多值得借鉴的地方。[③]

社会治理共同体理论是马克思主义共同体思想在社会治理领域的运用和体现。马克思主义共同体思想包含了构建共同体的意义、共同体的真实基础、共同体的发展阶段等丰富内容。首先，马克思认为共同体是个人实现自由与发展的平台，个人的发展离不开共同体，“只有在共同体中才可能有个人自由”。[④] 其次，马克思指出共同体的真实基础是人类的实践活动，“全部社会生活在本质上是实践的”[⑤]。在《1844 年经济学哲学手稿》中，马克思将“类本质”界定为人类自由的有意识的实践活动。最后，马克思对社会共同体的演进划分为三个阶段。在《政治经济学批判（1857—1858 年手稿）》中，马克思将社会共同体的演进划分为人的“依赖关系”的“自然共同体”阶段、物的“依赖关系”的“虚假共同体”阶段以及“自由人联合体”的“真正的共同体”阶段三个阶段。而“真正的共同

---

① 范逢春、张天：《国家治理场域中的社会治理共同体：理论谱系、建构逻辑与实现机制》，载《上海行政学院学报》2020 年第 6 期。

② 翟子夜：《社会主义核心价值观：中国传统价值观的创造性转化与创新性发展》，载《学术交流》2019 年第 5 期。

③ 张林江：《传统中国的社会治理智慧》，载《中国党政干部论坛》2014 年第 12 期。

④ 中共中央马克思恩格斯列宁斯大林著作编译局编译：《马克思恩格斯文集》（第 1 卷），人民出版社 2009 年版，第 571 页。

⑤ 中共中央马克思恩格斯列宁斯大林著作编译局编译：《马克思恩格斯选集》（第 1 卷），人民出版社 2012 年版，第 135 页。

体”阶段就是共产主义社会，这是马克思主义共同体思想的出发点与归宿点。

（二）社会治理共同体理论的内涵

作为对中国传统共同体思想的传承，作为马克思主义共同体思想在社会治理领域的运用和体现，社会治理共同体理论正是根据我国经济社会发展的现实需求，在善治目标的指引下对社会治理理念、方法、过程与模式等进行的创新。具体来说，社会治理共同体理论是指在一定地域范围内，拥有共同价值认同和目标追求的社会治理多元主体，按照一定的社会规范，在民主协商的基础上形成的共同治理社会公共事务的社会关系模式。①

社会治理共同体以多元治理主体的有效参与为基础前提。马克思在批判性继承黑格尔市民社会思想的基础上，形成“国家—社会”关系理论。国家与社会之间二元分离，又存在利益耦合，需要相互衔接与合作，提升整个社会参与民主管理的意识。社区作为基层治理单位，要面对社区繁忙的治理现状，与之相对应的是社区治理在主体性、能力性等方面存在碎片化问题。如库伊曼认为：“不论是公共部门还是私人部门，没有一个个体行动者能够拥有解决综合、动态、多样性问题所需要的全部知识与信息，也没有一个个体行动者有足够的知识和能力去应用所有有效的工具。”社区治理共同体要解决这些碎片化问题，就要组织多元主体参与社区治理，在合理划分相关治理主体职能职责的基础上，强调治理主体的履职尽责和协商合作，有效聚合多元主体的资源、力量和优势，提升社会治理的整

① 张贵群：《社会治理共同体：理论内涵、时代价值与建设路径》，载《重庆理工大学学报（社会科学）》2021 年第 3 期。

体质效。

社会治理共同体以“人人有责、人人尽责、人人享有”为核心特征。人人有责、人人尽责、人人享有的社会治理共同体既是一个利益共同体、价值共同体，也是一个行动共同体。社会治理共同体建设突出“人人”，即包括组织、机构、团体等社会单元或者社会个体。这既强调了在建设社会治理共同体过程中，每个社会成员都是主体，均有参与的责任与义务，也强调了社会治理成果将人人共享的庄严承诺，为建设更高水平的共同体提供了重要遵循。参与社会建设是人人都应承担的责任，享有社会发展成果则是人人都应享有的权利。“人人有责”，强调治理主体的多元性，强调政府、社会组织、市场主体、公众等多元主体共同参与社会治理。共建理念下的社会治理共同体，注重唤醒多元主体的民主参与意识，进而达成协同治理的共识。“人人尽责”强调治理过程的协作性，主张多元治理主体是以最大多数人的利益为基点，应建立多样化的协作机制与激励机制，使多元治理主体有更多机会参与社会治理活动。共治理念下的社会治理共同体，努力促使成员激发治理热情、履行治理责任。“人人享有”强调治理成果的共享性，主张多元治理主体共同享有改革发展与社会“善治”成果。共享理念下的社会治理，在兼顾效率和公平的基础上，建立利益分配与补偿机制，同时注重加强教育引导，培养塑造良好积极的社会心态，提升人民群众获得感、幸福感、安全感。

社会治理共同体以治理主体、客体、平台、资源、机制的有机整合为基本要求。社会治理共同体是治理主体、客体、平台、资源、机制等一系列关键要素共同起作用的实体，强调在党的领导下的政府、企业、社会组织和公民个体等按照“党委领导、政府负责、民主协商、社会协同、公众参与、法治保障、科技支撑”的要求，基于实体化运作、信息化支撑、智能化管理的“社会治理+公共服务”平台，整合人、财、物、信息、权威等资源，运用法律、法规、政策、道德、价值等社会规范体系和行政、法律、经济、教育、科技等多种手段，通过各种方式对社会系统的组成部分、社会生活的诸多领域、社会发展的不同环节等进行组织、服务、监督、管理。①

① 张贵群：《社会治理共同体：理论内涵、时代价值与建设路径》，载《重庆理工大学学报（社会科学）》2021年第3期。

03

第三章

城市社区治理法治化的政策指引

从党的十四届三中全会提出加强政府社会管理职能，到党的十六届四中全会提出加强社会建设和管理，到党的十六届六中全会强调创新社会管理体制、整合社会管理资源，再到党的十七大强调健全社会管理格局和基层社会管理体制，中国共产党对社会管理的认识不断深化。在长期探索和实践中，我国建立了社会管理工作领导体系，构建了社会管理组织网络，制定了社会管理基本法律法规，不断推进社会管理同中国国情和社会主义制度相适应。

党的十八大以来，以习近平同志为核心的党中央深入研究社会管理面临的新形势新任务新特点，着力推进社会管理理念创新、实践创新、制度创新，明确提出“社会治理”这一重大命题。从“社会管理”到“社会治理”，虽然是一字之差，却是党的执政理念和政策思路在社会领域的一次全面提升，体现的是系统治理、依法治理、源头治理、综合施策，反映的是党对社会运行规律和治理规律认识的深化。

第一节　从社会管理到社会治理转型的政策轨迹

1993年11月，党的十四届三中全会首次提到“社会管理”，并且把社会管理作为政府的一项重要职能，会议明确提出，“加强政府的社会管理职能，保证国民经济正常运行和良好的社会秩序”。2002年11月，党的十六大把社会管理提到了构建社会主义和谐社会的高度，报告中提出，“改进社会管理，保持良好的社会秩序”，并且将“社会更加和谐”列为全面建设小康社会的重要考量指标之一，首次就社会建设发展目标提出了要求。2004年9月，党的十六届四中全会提出，“加强社会建设和管理，推进社会管理体制创新”，“整合社会管理资源，建立健全党委领导、政府负责、社会协同、公众参与的社会管理格局”，把构建和谐社会作为党和国家的一项重要任务作出部署。2013年11月，党的十八届三中全会首次使用“社会治理”概念，提出“加快形成科学有效的社会治理体制，确保社会既充满活力又和谐有序”，“创新社会治理”，“提高社会治理水平”，把创新社会治理体制作为全面深化改革的重要任务之一。党的十八届三中全会以来的历次全会上，党中央都把加强和创新社会治理作为党和国家的重要任务，并且就如何推进社会治理体制创新作出了一系列重要战略部署。

从社会管理向社会治理转型的政策路线梳理来看（见表3-1），

中国社会治理创新走过了一个逐步发展的过程，不同时期的社会管理或社会治理改革各有侧重点。总体来看，随着社会发展和社会体制改革的推进，社会治理体制创新的内涵、路线越来越清晰，目标、任务也越来越明确，就是要打造共建、共治、共享的社会治理格局，逐步形成社会和谐稳定、国家长治久安、人民安居乐业的善治局面。

表3-1　从社会管理到社会治理转型的政策路线轨迹

时间节点	重要会议	政策文件	相关内容
1993年11月14日	党的十四届三中全会	《中共中央关于建立社会主义市场经济体制若干问题的决定》	①首次提出“社会管理”的概念，并且把社会管理作为政府的一项重要职能。 ②明确提出，“加强政府的社会管理职能，保证国民经济正常运行和良好的社会秩序”。
2002年11月8日	党的十六大	《全面建设小康社会，开创中国特色社会主义事业新局面》	①提出“改进社会管理，保持良好的社会秩序”“完善政府的经济调节、市场监管、社会管理和公共服务的职能”。 ②将“社会更加和谐”列为全面建设小康社会的重要考量指标之一。 ③首次就社会建设发展目标提出了要求。
2003年10月14日	党的十六届三中全会	《中共中央关于完善社会主义市场经济体制若干问题的决定》	①提出“完善政府社会管理和公共服务职能”，进一步强调了政府社会管理职能。 ②对中央和地方的社会管理责权作出界定，“明确中央和地方对经济调节、市场监管、社会管理、公共服务方面的管理责权”，“属于中央和地方共同管理的事务，要区别不同情况，明确各自的管理范围，分清主次责任”。

续表

时间节点	重要会议	政策文件	相关内容
			③提出“深化户籍制度改革，完善流动人口管理”等具体要求。
2004 年 9 月 19 日	党的十六届四中全会	《中共中央关于加强党的执政能力建设的决定》	①提出“加强社会建设和管理，推进社会管理体制创新”，“整合社会管理资源，建立健全党委领导、政府负责、社会协同、公众参与的社会管理格局”。 ②把构建和谐社会作为党和国家的一项重要任务进行部署。
2006 年 10 月 11 日	党的十六届六中全会	《中共中央关于构建社会主义和谐社会若干重大问题的决定》	①明确提出社会管理的重要任务，论述了社会管理与和谐社会建设的关系。提出“加强社会管理，维护社会稳定，是构建社会主义和谐社会的必然要求”。 ②重申“必须创新社会管理体制，整合社会管理资源，提高社会管理水平，健全党委领导、政府负责、社会协同、公众参与的社会管理格局”，要求“在服务中实施管理，在管理中体现服务”。 ③提出了构建社会主义和谐社会的指导思想、目标任务和原则。强调“我们要构建的社会主义和谐社会，是在中国特色社会主义道路上，中国共产党领导全体人民共同建设、共同享有的和谐社会”。要“着力发展社会事业、促进社会公平正义、建设和谐文化、完善社会管理、增强社会创造活力，走共同富裕道路，推动社会建设与经济建设、政治建设、文化建设协调发展”，形成了经济建设、政治建设、文化建设、社会建设“四位一体”建设战略。提出了社会主义和谐社会建

续表

时间节点	重要会议	政策文件	相关内容
			设的六项基本原则，即必须坚持以人为本、必须坚持科学发展、必须坚持改革开放、必须坚持民主法治、必须坚持正确处理改革发展稳定的关系、必须坚持在党的领导下全社会共同建设。
2007 年 10 月 15 日	党的十七大	《高举中国特色社会主义伟大旗帜 为夺取全面建设小康社会新胜利而奋斗》	①强调社会建设以改善民生为重点，社会管理是社会建设的一项重要任务。提出“加快推进以改善民生为重点的社会建设”“更加注重社会建设，着力保障和改善民生，推进社会体制改革，扩大公共服务，完善社会管理，促进社会公平正义，努力使全体人民学有所教、劳有所得、病有所医、老有所养、住有所居，推动建设和谐社会”。 ②继续强调“健全党委领导、政府负责、社会协同、公众参与的社会管理格局”，提出“健全基层社会管理体制”，促进“社会管理体系更加健全”。
2010 年 10 月 18 日	党的十七届五中全会	《中共中央关于制定国民经济和社会发展第十二个五年规划的建议》	①部署了“十二五”期间“加强和创新社会管理”的重点任务，要求“按照健全党委领导、政府负责、社会协同、公众参与的社会管理格局的要求，加强社会管理法律、体制、能力建设”。 ②提出“完善法律法规和政策，健全基层管理和服务体系，加强和改进基层党组织工作，发挥群众组织和社会组织作用，提高城乡社区自治和服务功能，形成社会管理和服务合力”。

续表

时间节点	重要会议	政策文件	相关内容
			③要求“健全党和政府主导的维护群众权益机制，完善人民调解、行政调解、司法调解联动的工作体系，整合各方面力量，建立调处化解矛盾纠纷综合平台。畅通和规范群众诉求表达、利益协调、权益保障渠道，建立重大工程项目建设和重大政策制定的社会稳定风险评估机制，正确处理人民内部矛盾，把各种不稳定因素化解在基层和萌芽状态”。 ④提出“加大公共安全投入，加强安全生产，健全对事故灾难、公共卫生事件、食品安全事件、社会安全事件的预防预警和应急处置体系。做好流动人口服务管理，加强特殊人群帮教管理和服务工作，加大社会管理薄弱环节整治力度。完善社会治安防控体系，加强城乡社区警务、群防群治等基层基础建设，加强政法队伍建设，严格公正廉洁执法，增强公共安全和社会治安保障能力，加强重点地区社会治安综合治理。严密防范、依法打击各种违法犯罪活动，切实保障人民生命财产安全。”
2011 年 3 月 14 日	十一届全国人大四次会议	《中华人民共和国国民经济和社会发展第十二个五年规划纲要》	以专篇形式，将社会管理正式纳入国民经济和社会发展“十二五”规划进行重点部署，明确提出要“标本兼治，加强和创新社会管理”，具体细化为五项重点任务，即创新社会管理体制、强化城乡社区自治和服务功能、加强社会组织建设、完善维护群众权益机制、加强公共安全体系建设。

续表

时间节点	重要会议	政策文件	相关内容
2011 年 5 月 30 日	十七届中共中央政治局会议	《关于加强和创新社会管理的意见》	①会议专题就加强和创新社会管理进行研究部署，明确了加强和创新社会管理的指导思想、总体要求和基本原则，系统回答了加强和创新社会管理根本性、全局性的重大问题。要求“积极推进社会管理理念、体制、机制、制度、方法创新，完善党委领导、政府负责、社会协同、公众参与的社会管理格局，加强社会管理法律、能力建设，完善基层社会管理服务，建设中国特色社会主义社会管理体系”；“坚持以人为本、服务为先、多方参与、共同治理、关口前移、源头治理，统筹兼顾、协商协调，依法管理、综合施策、科学管理、提高效能的原则，立足基本国情，坚持正确方向，推进改革创新”。 ②要求“加强和完善社会管理格局，加强社会管理制度建设，加强基层社会管理和服务，完善党和政府主导的维护群众权益机制，加强流动人口和特殊人群服务管理，加强非公有制经济组织、社会组织服务管理，加强公共安全体系建设，完善信息网络服务管理，营造良好社会环境”。
2012 年 11 月 14 日	党的十八大	《坚定不移沿着中国特色社会主义道路前进　为全面建成小康社会而奋斗》	①提出要“加快形成科学有效的社会管理体制，完善社会保障体系，健全基层公共服务和社会管理网络，建立确保社会既充满活力又和谐有序的体制机制”。

续表

时间节点	重要会议	政策文件	相关内容
			②明确指出法治对于社会管理的促进和保障作用，强调要“更加注重发挥法治在国家治理和社会管理中的重要作用”；“加强网络社会管理，推进网络依法规范有序运行”；“要围绕构建中国特色社会主义社会管理体系，加快形成党委领导、政府负责、社会协同、公众参与、法治保障的社会管理体制，加快形成政府主导、覆盖城乡、可持续的基本公共服务体系，加快形成政社分开、权责明确、依法自治的现代社会组织体制，加快形成源头治理、动态管理、应急处置相结合的社会管理机制”；“提高社会管理科学化水平，必须加强社会管理法律、体制机制、能力、人才队伍和信息化建设”。
2013 年 11 月 12 日	党的十八届三中全会	《中共中央关于全面深化改革若干重大问题的决定》	①明确全面深化改革的总目标是推进国家治理体系和治理能力现代化。首次使用“社会治理”概念，把“创新社会治理体制”作为全面深化改革的重要任务。提出要“创新社会治理”，“提高社会治理水平”，“紧紧围绕更好保障和改善民生、促进社会公平正义，深化社会体制改革，改革收入分配制度，促进共同富裕，推进社会领域制度创新，推进基本公共服务均等化，加快形成科学有效的社会治理体制，确保社会既充满活力又和谐有序”。 ②要求“改进社会治理方式”，在推进社会治理中要做到“四个坚持”，即“坚持系统治理，加强党委领导，发挥政府主导作用，鼓励和支持社会各方面参与”；

续表

时间节点	重要会议	政策文件	相关内容
			"发挥政府主导作用，鼓励和支持社会各方面参与，实现政府治理和社会自我调节、居民自治良性互动。坚持依法治理，加强法治保障，运用法治思维和法治方式化解社会矛盾。坚持综合治理，强化道德约束，规范社会行为，调节利益关系，协调社会关系，解决社会问题。坚持源头治理，标本兼治、重在治本，以网格化管理、社会化服务为方向，健全基层综合服务管理平台，及时反映和协调人民群众各方面各层次利益诉求"，同时强调要"激发社会组织活力""健全公共安全体系"。
2014 年 10 月 23 日	党的十八届四中全会	《中共中央关于全面推进依法治国若干重大问题的决定》	①更加突出强调法治在社会治理中的重要地位和重要作用，明确提出"加快保障和改善民生、推进社会治理体制创新法律制度建设。依法加强和规范公共服务，完善教育、就业、收入分配、社会保障、医疗卫生、食品安全、扶贫、慈善、社会救助和妇女儿童、老年人、残疾人合法权益保护等方面的法律法规。加强社会组织立法，规范和引导各类社会组织健康发展。制定社区矫正法"。 ②要求"推进多层次多领域依法治理。坚持系统治理、依法治理、综合治理、源头治理，提高社会治理法治化水平。深入开展多层次多形式法治创建活动，深化基层组织和部门、行业依法治理，支持各类社会主体自我约束、自我管理。发挥市民公约、乡规民约、行业规章、团体章程等社会规范在社会治理中的积极作用"。 ③强调"健全依法维权和化解纠纷机制"，"推进基层治理法治化"。

续表

时间节点	重要会议	政策文件	相关内容
2015 年 10 月 29 日	党的十八届五中全会	《中共中央关于制定国民经济和社会发展第十三个五年规划的建议》	强调要“加强和创新社会治理”，要建设“平安中国，完善党委领导、政府主导、社会协同、公众参与、法治保障的社会治理体制，推进社会治理精细化，构建全民共建共享的社会治理格局”；“增强社区服务功能，实现政府治理和社会调节、居民自治良性互动”；“加强社会治理基础制度建设”；“完善社会治安综合治理体制机制”。
2016 年 3 月 16 日	十二届全国人大四次会议	《中华人民共和国国民经济和社会发展第十三个五年规划纲要》	①采用专篇形式从完善社会治理体系、完善社会信用体系、健全公共安全体系、建立国家安全体系“四个体系”方面对“加强和创新社会治理”作出部署。 ②强调“加强社会治理基础制度建设，构建全民共建共享的社会治理格局，提高社会治理能力和水平，实现社会充满活力、安定和谐”；“完善党委领导、政府主导、社会协同、公众参与、法治保障的社会治理体制，实现政府治理和社会调节、居民自治良性互动”。
2017 年 10 月 24 日	党的十九大	《决胜全面建成小康社会　夺取新时代中国特色社会主义伟大胜利》	①强调“打造共建共治共享的社会治理格局”，要求“加强社会治理制度建设，完善党委领导、政府负责、社会协同、公众参与、法治保障的社会治理体制，提高社会治理社会化、法治化、智能化、专业化水平”。 ②提出“加强社区治理体系建设，推动社会治理重心向基层下移，发挥社会组织作用，实现政府治理和社会调节、居民自治良性互动”，“健全自治、法治、德治相结合的乡村治理体系”。

续表

时间节点	重要会议	政策文件	相关内容
2018 年 2 月 28 日	党的十九届三中全会	《中共中央关于深化党和国家机构改革的决定》	①更加关注发挥社会组织在社会治理中的作用，明确提出“推进社会组织改革”，“按照共建共治共享要求，完善党委领导、政府负责、社会协同、公众参与、法治保障的社会治理体制”。 ②要求“加快实施政社分开，激发社会组织活力，克服社会组织行政化倾向。适合由社会组织提供的公共服务和解决的事项，由社会组织依法提供和管理。依法加强对各类社会组织的监管，推动社会组织规范自律，实现政府治理和社会调节、居民自治良性互动”。
2019 年 10 月 31 日	党的十九届四中全会	《中共中央关于坚持和完善中国特色社会主义制度 推进国家治理体系和治理能力现代化若干重大问题的决定》	①强调“坚持和完善共建共治共享的社会治理制度，保持社会稳定、维护国家安全”。 ②进一步指出，“社会治理是国家治理的重要方面。必须加强和创新社会治理，完善党委领导、政府负责、民主协商、社会协同、公众参与、法治保障、科技支撑的社会治理体系，建设人人有责、人人尽责、人人享有的社会治理共同体，确保人民安居乐业、社会安定有序，建设更高水平的平安中国”。
2020 年 10 月 29 日	党的十九届五中全会	《中共中央关于制定国民经济和社会发展第十四个五年规划和二〇三五年远景目标的建议》	①提出了“十四五”期间要努力实现“社会治理特别是基层治理水平明显提高”的目标。 ②提出“推动社会治理重心向基层下移”。强调“向基层放权赋能，加强城乡社区治理和服务体系建设，减轻基层特别是村级组织负担”。 ③同时提出“构建网格化管理、精细化服务、信息化支撑、开放共享的基层管理服务平台”。

续表

时间节点	重要会议	政策文件	相关内容
			④强调要“加强和创新市域社会治理，推进市域社会治理现代化”。
2022年10月16日	党的二十大	《高举中国特色社会主义伟大旗帜　为全面建设社会主义现代化国家而团结奋斗》	①首次将“坚持全面依法治国，推进法治中国建设”作为党的代表大会主题报告的专章，并将“加快建设法治社会”纳入法治中国建设整体布局。 ②强调“推进多层次多领域依法治理，提升社会治理法治化水平”。

第二节　习近平总书记有关重要论述

党的十八大以来，以习近平同志为核心的党中央将创新社会治理体制、提高社会治理法治化水平纳入改革与法治“双轮驱动”，提出了一系列原创性经典观点。从习近平总书记在首都各界纪念现行《宪法》公布施行30周年大会上的重要讲话中提出“三个共同推进”“三个一体建设”，到党的十八届三中全会作出《中共中央关于全面深化改革若干重大问题的决定》，提出“创新社会治理”“增强社会发展活力”“提高社会治理水平”；从强调“推进多层次多领域依法治理，坚持系统治理、依法治理、综合治理、源头治理，提高社会治理法治化水平”，到指出“社会治理是一门科学，管得太死，一潭死水不行，管得太松，波涛汹涌也不行”；从指出“要善于把党的领导和我国社会主义制度优势转化为社会治理优势，着力推进社会治理系统化、科学化、智能化、法治化，不断完善中国特色社会主义社会治理体系”，到强调必须“加强社会治理制度建设，完善党委领导、政府负责、社会协同、公众参与、法治保障的社会治理体系，提高社会治理社会化、法治化、智能化、专业化水平”；从强调“各级党组织和党员干部要强化依法治国、依法执政观念，提高运用法治思维和法治方式深化改革、推动发展、化解矛盾、维护稳定、应对风险”的“五个能力”，到要求网络空间治理应“形成党委领导、政府管理、企业履责、社会监督、网民自律等多主体参与的综合治网格局，推动依法管网、依法办网、依法上网，确保互联网在法治轨道上健康运行”；从提出“加强社会治理制度建设，完善党委领导、政府负责、民主协商、社会协同、公众参与、法治保障、科技支撑的社会治理体制，打造共建共治共享的社会治理格局”，到要求“健全党组织领导的自治、法治、德治相结合的城乡基层治理体系，推动社会治理重心向基层下移，建设共建共治共享的社会治理制度”；从指出“必须坚定不移贯彻总体国家安全观，把维护社会安全贯穿党和国家工作各方面全过程，确保国家安全和社会稳定”，到强调“健全共建共治共享的社会治理制度，提升社会治理效能”；从提出领导干部在有效应对和防范重大风险方面应“科学决策，善于整合各方力量”，提高“六个思维能力”，增强“八个本领”，到出台《中共中央、国务院关于加强基层治理体系和治理能力现代化建设的意见》，提出加强基层政权治理能力建设应着力增强“五个能力”；从党的十九届四中全会作出《中共中央关于坚持和完善中国特色社会主义制度　推进国家治理体系和治理能力现代化若干重大问题的决定》，明确指出应“坚持和完善共建共治共享的社会治理制度”，到党中央制定《法治社会建设实施纲要（2020—2025年）》，将“推动全社会增强法治观念、健全社会领域制度规范、推进社会治理法治化”纳入总体部署之中，再到党的二十大报告进一步强调“健全共建共治共享的社会治理制度，提升社会治理效能”（见表3-2）。

表3-2　党的十八大以来习近平总书记关于社会治理法治化的重要论述

时间	名称	内容
2012年12月15日	在中央经济工作会议上的讲话	各级党委和政府要深入研究人口大规模流动、利益多样化、社会信息化、思想文化多元化形势下的社会管理规律，拓宽思路，完善体制机制，注

续表

时间	名称	内容
		重源头治理，加强思想政治工作，依靠社会力量，坚持依法办事和依法维权相结合，不断提高社会管理科学化水平，促进社会和谐稳定。
2013 年 2 月 28 日	在中共十八届二中全会第二次全体会议上的讲话	①转变政府职能是深化行政体制改革的核心，实质上要解决的是政府应该做什么、不应该做什么，重点是政府、市场、社会的关系。 ②推进机构改革和职能转变，要处理好大和小、收和放、政府和社会、管理和服务的关系。 ③我们要发挥社会力量在管理社会事务中的作用，因为有些事情是政府管不了也管不好的，可以让群众依法实行自我管理、自我服务，同时也要加强对各类社会组织的规范和引导。
2013 年 11 月 12 日	在中共十八届三中全会的讲话	①创新社会治理，必须着眼于维护最广大人民根本利益，最大限度增加和谐因素，增强社会发展活力，提高社会治理水平，维护国家安全，确保人民安居乐业、社会安定有序。 ②要改进社会治理方式，激发社会组织活力，创新有效预防和化解社会矛盾体制，健全公共安全体系。
2013 年 12 月 12 日至 13 日	在中央城镇化工作会议上的讲话	①要以人为本，推进以人为核心的城镇化，提高城镇人口素质和居民生活质量，把促进有能力在城镇稳定就业和生活的常住人口有序实现市民化作为首要任务。 ②推进城镇化，要注意处理好市场和政府的关系，既坚持使市场在资源配置中起决定性作用，又更好发挥政府在创造制度环境、编制发展规划、建设基础设施、提供公共服务、加强社会治理等方面的职能。
2014 年 1 月 7 日	在中央政法工作会议上的讲话	①社会治理是一门科学，管得太死，一潭死水不行；管得太松，波涛汹涌也不行。要处理好活力和秩序的关系。 ②坚持系统治理、依法治理、综合治理、源头治理。注重动员组织社会力量共同参与，发动全社会一起来做好维护社会稳定工作。

续表

时间	名称	内容
2014 年 2 月 17 日	在省部级主要领导干部学习贯彻党的十八届三中全会精神全面深化改革专题研讨班上的讲话	广大人民群众在党的领导下，依照宪法和法律规定，通过各种途径和形式管理国家事务，管理经济文化事业，管理社会事务，保证国家各项工作都依法进行，逐步实现社会主义民主的制度化、法律化，使这种制度和法律不因领导人的改变而改变，不因领导人看法和注意力的改变而改变。
2014 年 2 月 26 日	在北京市考察工作结束时的讲话	①要加快形成与世界城市相匹配的城市管理能力，城市管理目标、方法、模式都要现代化。 ②完善社区治理模式，充分发挥企业和社会组织作用，积极推进网格化服务管理体系建设。
2014 年 2 月 28 日	在中央全面深化改革领导小组第二次会议上的讲话	①在整个改革过程中，都要高度重视运用法治思维和法治方式，发挥法治的引领和推动作用，加强对相关立法工作的协调，确保在法治轨道上推进改革。 ②对重大改革尤其是涉及人民群众切身利益的改革决策，要建立社会稳定评估机制。遇到关系复杂、牵涉面广、矛盾突出的改革，要及时深入了解群众实际生活情况怎么样，群众诉求是什么，改革能给群众带来的利益有多少，从人民利益出发谋划思路、制定举措、推进落实。要建立科学评价机制，对改革效果进行全面评估。
2014 年 3 月 5 日	在参加十二届全国人大二次会议上海代表团审议时的讲话	①加强和创新社会治理，关键在体制创新，核心是人，只有人与人和谐相处，社会才会安定有序。 ②社会治理的重心必须落到城乡社区，社区服务和管理能力强了，社会治理的基础就实了。 ③要深入调研治理体制问题，深化拓展网格化管理，尽可能把资源、服务、管理放到基层，使基层有职有权有物，更好为群众提供精准有效的服务和管理。 ④要加强人口服务管理，更多运用市场化、法治化手段，促进人口有序流动，控制人口总量，优化人口结构。

续表

时间	名称	内容
		⑤治理和管理一字之差，体现的是系统治理、依法治理、源头治理、综合施策。 ⑥社会治理是一门科学，要着力提高干部素质，把培养一批专家型的城市管理干部作为重要任务，用科学态度、先进理念、专业知识去建设和管理城市。
2014年9月5日	在庆祝全国人民代表大会成立60周年大会上的讲话	①要加强和改进立法工作，确保国家发展、重大改革于法有据，努力使每一项立法都符合宪法精神、反映人民意愿、得到人民拥护。 ②要全面落实依法治国基本方略，深化司法体制改革，不断推进科学立法、严格执法、公正司法、全民守法进程，严禁侵犯群众合法权益。 ③要加强同人大代表和人民群众的联系，加强和改进人大工作，推进人民代表大会制度理论和实践创新。
2014年9月21日	在庆祝中国人民政治协商会议成立65周年大会上的讲话	①涉及人民群众利益的大量决策和工作，主要发生在基层。要按照协商于民、协商为民的要求，大力发展基层协商民主，重点在基层群众中开展协商。 ②凡是涉及群众切身利益的决策都要充分听取群众意见，通过各种方式、在各个层级、各个方面同群众进行协商。 ③要完善基层组织联系群众制度，加强议事协商，做好上情下达、下情上传工作，保证人民依法管理好自己的事务。
2014年10月23日	在党的十八届四中全会第四次全体会议上的讲话	①推进多层次多领域依法治理，坚持系统治理、依法治理、综合治理、源头治理，深化基层组织和部门、行业依法治理，支持各类社会主体自我约束、自我管理，发挥市民公约、乡规民约、行业规章、团体章程等社会规范在社会治理中的积极作用。

续表

时间	名称	内容
		②建设完备的法律服务体系，推进覆盖城乡居民的公共法律服务体系建设，完善法律援助制度，健全司法救助体系。健全依法维权和化解纠纷机制，建立健全社会矛盾预警机制、利益表达机制、协商沟通机制、救济救助机制，畅通群众利益协调、权益保障法律渠道。完善立体化社会治安防控体系，保障人民生命财产安全。 ③推进基层治理法治化，发挥基层党组织在全面推进依法治国中的战斗堡垒作用，建立重心下移、力量下沉的法治工作机制。 ④坚持党的领导，是社会主义法治的根本要求，是党和国家的根本所在、命脉所在，是全国各族人民的利益所系、幸福所系，是全面推进依法治国的题中应有之义。
2014 年 11 月 2 日	在福建调研时的讲话	①社区的党组织和党员干部天天同居民群众打交道，要多想想如何让群众生活和办事更方便一些，如何让群众表达诉求的渠道更畅通一些，如何让群众感觉更平安、更幸福一些，真正使千家万户切身感受到党和政府的温暖。 ②社区在全面推进依法治国中具有不可或缺的地位和作用，要通过群众喜闻乐见的形式宣传普及宪法法律，发挥市民公约、乡规民约等基层规范在社会治理中的作用，培育社区居民遵守法律、依法办事的意识和习惯，使大家都成为社会主义法治的忠实崇尚者、自觉遵守者、坚定捍卫者。
2015 年 3 月 5 日	在参加十二届全国人大三次会议上海代表团审议时的讲话	城乡社区处于党同群众连接的“最后一公里”，要把加强基层党的建设、巩固党的执政基础作为贯穿社会治理和基层建设的一条红线，深入拓展区域化党建。

续表

时间	名称	内容
2015 年 12 月 20 日	在中央城市工作会议上的讲话	①城市的核心是人，关键是十二个字：衣食住行、生老病死、安居乐业。 ②在共建共享过程中，城市政府应该从“划桨人”转变为“掌舵人”，同市场、企业、市民一起管理城市事务、承担社会责任。只有让全体市民共同参与，从房前屋后实事做起，从身边的小事做起，把市民和政府的关系从“你和我”变成“我们”，从“要我做”变为“一起做”，才能真正实现城市共治共管、共建共享。
2016 年 7 月 1 日	在庆祝中国共产党成立 95 周年大会上的讲话	扩大人民群众有序政治参与，保证人民广泛参加国家治理和社会治理，形成生动活泼、安定团结的政治局面。
2016 年 10 月 9 日	在十八届中央政治局第三十六次集体学习时的讲话	①随着互联网特别是移动互联网发展，社会治理模式正在从单向管理转向双向互动，从线下转向线上线下融合，从单纯的政府监管向更加注重社会协同治理转变。 ②要强化互联网思维，利用互联网扁平化、交互式、快捷性优势，推进政府决策科学化、社会治理精准化、公共服务高效化，用信息化手段更好感知社会态势、畅通沟通渠道、辅助决策施政。
2016 年 10 月 11 日	就加强和创新社会治理作出的指示	①要更加注重联动融合、开放共治，更加注重民主法治、科技创新，提高社会治理社会化、法治化、智能化、专业化水平，提高预测预警预防各类风险能力。 ②要坚持问题导向，把专项治理和系统治理、综合治理、依法治理、源头治理结合起来。 ③要完善社会治安综合治理体制机制，加快建设立体化、信息化社会治安防控体系。

续表

时间	名称	内容
2017 年 9 月 19 日	在会见全国社会治安综合治理表彰大会代表时的讲话	要着力推进社会治理系统化、科学化、智能化、法治化，深化对社会运行规律和治理规律的认识，善于运用先进的理念、科学的态度、专业的方法、精细的标准提升社会治理效能，增强社会治理整体性和协同性，提高预测预警预防各类风险能力，增强社会治理预见性、精准性、高效性，同时要树立法治思维、发挥德治作用，更好引领和规范社会生活，努力实现法安天下、德润人心。
2017 年 10 月 18 日	在党的十九大上的报告	①打造共建共治共享的社会治理格局。加强社会治理制度建设，完善党委领导、政府负责、社会协同、公众参与、法治保障的社会治理体制，提高社会治理社会化、法治化、智能化、专业化水平。 ②加强社区治理体系建设，推动社会治理重心向基层下移，发挥社会组织作用，实现政府治理和社会调节、居民自治良性互动。
2018 年 4 月 21 日	在全国网络安全和信息化工作会议上的讲话	要提高网络综合治理能力，形成党委领导、政府管理、企业履责、社会监督、网民自律等多主体参与，经济、法律、技术等多种手段相结合的综合治网格局。
2018 年 6 月 12 日	在山东考察时的讲话	城市是人民的城市，要多打造市民休闲观光、健身活动的地点，让人民群众生活更方便、更丰富多彩。要推动社会治理重心向基层下移，把更多资源、服务、管理放到社区，更好为社区居民提供精准化、精细化服务。
2018 年 8 月 24 日	在中央全面依法治国委员会第一次会议上的讲话	要推进法治社会建设，依法防范风险、化解矛盾、维护权益，加快形成共建共治共享的现代基层社会治理新格局，建设社会主义法治文化。

续表

时间	名称	内容
2018 年 10 月 31 日	在十九届中央政治局第九次集体学习时的讲话	①要加强人工智能同社会治理的结合，开发适用于政府服务和决策的人工智能系统，加强政务信息资源整合和公共需求精准预测，推进智慧城市建设，促进人工智能在公共安全领域的深度应用，加强生态领域人工智能运用，运用人工智能提高公共服务和社会治理水平。 ②要加强人工智能发展的潜在风险研判和防范，维护人民利益和国家安全，确保人工智能安全、可靠、可控。要整合多学科力量，加强人工智能相关法律、伦理、社会问题研究，建立健全保障人工智能健康发展的法律法规、制度体系、伦理道德。
2018 年 11 月 6 日	在上海考察时的讲话	①城市治理的“最后一公里”就在社区。社区是党委和政府联系群众、服务群众的神经末梢，要及时感知社区居民的操心事、烦心事、揪心事，一件一件加以解决。 ②加强社区治理，既要发挥基层党组织的领导作用，也要发挥居民自治功能，把社区居民积极性、主动性调动起来，做到人人参与、人人负责、人人奉献、人人共享。 ③要提高社会治理社会化、法治化、智能化、专业化水平，更加注重在细微处下功夫、见成效。要坚持以人民为中心的发展思想，坚持共建共治共享，坚持重心下移、力量下沉，着力解决好人民群众关心的就业、教育、医疗、养老等突出问题，不断提高基本公共服务水平和质量，让群众有更多获得感、幸福感、安全感。
2018 年 11 月 14 日	在中央全面深化改革委员会第五次会议上的讲话	①推动社会治理重心向基层下移、把基层党组织建设成为领导基层治理的坚强战斗堡垒。 ②北京市委以“街乡吹哨、部门报到”改革为抓手，积极探索党建引领基层治理体制机制创新，聚焦办好群众家门口事，打通抓落实“最后一公里”，形成行之有效的做法。

续表

时间	名称	内容
2019 年 1 月 16 日	在中央政法工作会议上的讲话	①要贯彻好党的群众路线，坚持社会治理为了人民，善于把党的优良传统和新技术新手段结合起来，创新组织群众、发动群众的机制，创新为民谋利、为民办事、为民解忧的机制，让群众的聪明才智成为社会治理创新的不竭源泉。 ②要善于把党的领导和我国社会主义制度优势转化为社会治理效能，完善党委领导、政府负责、社会协同、公众参与、法治保障的社会治理体制，打造共建共治共享的社会治理格局。
2019 年 4 月 2 日	对民政工作作出重要指示	着力发展基本社会服务，解决好群众关切的“为难事”。深化“放管服”改革，让群众办事更便捷，更大发挥社会力量作用，积极发展贴近需求的社区养老托幼等服务，丰富生活服务供给，带动扩大就业和有效内需。
2019 年 10 月 31 日	在党的十九届四中全会第四次全体会议上的讲话	①必须加强和创新社会治理，完善党委领导、政府负责、民主协商、社会协同、公众参与、法治保障、科技支撑的社会治理体系，建设人人有责、人人尽责、人人享有的社会治理共同体，确保人民安居乐业、社会安定有序，建设更高水平的平安中国。 ②要完善正确处理新形势下人民内部矛盾有效机制，完善社会治安防控体系，健全公共安全体制机制，构建基层社会治理新格局，完善国家安全体系。
2020 年 1 月 17 日	对政法工作作出重要指示	着力推进市域社会治理现代化试点，努力建设更高水平的平安中国、法治中国。
2020 年 2 月 5 日	在中央全面依法治国委员会第三次会议上的讲话	①更好发挥法治对改革发展稳定的引领、规范、保障作用，建设高素质法治工作队伍。 ②坚持顶层设计和法治实践相结合，健全保证宪法全面实施的体制机制，加强对法律实施的监督，健全社会公平正义法治保障制度，提升法治促进国家治理体系和治理能力现代化的效能。

续表

时间	名称	内容
2020 年 3 月 10 日	在湖北省考察新冠肺炎疫情防控工作时的讲话	①要着力完善公共卫生应急管理体系，强化公共卫生法治保障，改革完善疾病预防控制体系、重大疫情防控救治体系，健全重大疾病医疗保险和救助制度，健全统一的应急物资保障体系，提高应对突发重大公共卫生事件的能力和水平。 ②要着力完善城市治理体系。城市是生命体、有机体，要敬畏城市、善待城市，树立“全周期管理”意识，努力探索超大城市现代化治理新路子。 ③要着力完善城乡基层治理体系。这次疫情防控凸显了城乡社区的重要作用，也暴露出基层社会治理的短板和不足。要夯实社会治理基层基础，推动社会治理重心下移，构建党组织领导的共建共治共享的城乡基层治理格局。
2020 年 8 月 24 日	在经济社会领域专家座谈会上的讲话	要完善共建共治共享的社会治理制度，实现政府治理同社会调节、居民自治良性互动，建设人人有责、人人尽责、人人享有的社会治理共同体。
2020 年 9 月 17 日	在基层代表座谈会上的讲话	要加强和创新基层社会治理，坚持和完善新时代“枫桥经验”，加强城乡社区建设，强化网格化管理和服务，完善社会矛盾纠纷多元预防调处化解综合机制，切实把矛盾化解在基层，维护好社会稳定。
2020 年 10 月 14 日	在深圳经济特区建立 40 周年庆祝大会上的讲话	①要树立全周期管理意识，加快推动城市治理体系和治理能力现代化，努力走出一条符合超大型城市特点和规律的治理新路子。 ②要强化依法治理，善于运用法治思维和法治方式解决城市治理顽症难题，让法治成为社会共识和基本准则。 ③要注重在科学化、精细化、智能化上下功夫，发挥深圳信息产业发展优势，推动城市管理手段、管理模式、管理理念创新，让城市运转更聪明、更智慧。

续表

时间	名称	内容
2020 年 10 月 29 日	在党的十九届五中全会上的讲话	健全基本公共服务体系，完善共建共治共享的社会治理制度，扎实推动共同富裕，不断增强人民群众获得感、幸福感、安全感，促进人的全面发展和社会全面进步。
2020 年 11 月 11 日	对平安中国建设作出重要指示强调	深入推进市域社会治理现代化，深化平安创建活动，加强基层组织、基础工作、基本能力建设，全面提升平安中国建设科学化、社会化、法治化、智能化水平，不断增强人民群众获得感、幸福感、安全感。
2020 年 11 月 12 日	在浦东开发开放 30 周年庆祝大会上的讲话	①要提高城市治理水平，推动治理手段、治理模式、治理理念创新，率先构建经济治理、社会治理、城市治理统筹推进和有机衔接的治理体系。 ②要着力解决人民群众最关心最直接最现实的利益问题，不断提高公共服务均衡化、优质化水平。 ③要构建和谐优美生态环境，把城市建设成为人与人、人与自然和谐共生的美丽家园。 ④要把全生命周期管理理念贯穿城市规划、建设、管理全过程各环节，把健全公共卫生应急管理体系作为提升治理能力的重要一环。
2020 年 11 月 16 日	在中央全面依法治国工作会议上的讲话	①坚持问题导向、目标导向，树立辩证思维和全局观念，系统研究谋划和解决法治领域人民群众反映强烈的突出问题，不断增强人民群众获得感、幸福感、安全感，用法治保障人民安居乐业。 ②法治是国家治理体系和治理能力的重要依托。只有全面依法治国才能有效保障国家治理体系的系统性、规范性、协调性，才能最大限度凝聚社会共识。
2022 年 10 月 16 日	在党的二十大上的报告	①建设覆盖城乡的现代公共法律服务体系，深入开展法治宣传教育，增强全民法治观念。 ②推进多层次多领域依法治理，提升社会治理法治化水平。

续表

时间	名称	内容
		③在社会基层坚持和发展新时代“枫桥经验”，完善正确处理新形势下人民内部矛盾机制，加强和改进人民信访工作，畅通和规范群众诉求表达、利益协调、权益保障通道，完善网格化管理、精细化服务、信息化支撑的基层治理平台，健全城乡社区治理体系，及时把矛盾纠纷化解在基层、化解在萌芽状态。 ④加快推进市域社会治理现代化，提高市域社会治理能力。 ⑤发展壮大群防群治力量，营造见义勇为社会氛围，建设人人有责、人人尽责、人人享有的社会治理共同体。
2023 年 7 月 7 日	在江苏考察时的讲话	要坚持和发展新时代“枫桥经验”“浦江经验”，完善社会治理体系，健全城乡基层治理体系和乡村治理协同推进机制，推进社会治理数字化。
2024 年 4 月 22 日	在重庆考察时的讲话	城市治理的很多工作要靠基层党组织这个战斗堡垒和社区这个平台去落实，要厘清城市社区职责事项，继续推动资源下沉、完善服务设施，强化网络化管理、信息化支撑，提高社区精细化治理、精准化服务水平。

04

第四章

城市社区治理法治化的演进历程

研究城市社区治理法治化的演进，就必然要提及中国的社会变迁。中国社会经历了从“乡土中国”到“单位中国”再到“社区中国”的变迁。[①] 传统中国社会是一个“乡土社会”[②]，乡土社会的基本组织形态就是在血缘、家族、地域基础上形成的村落。村落里的人们把土地作为生存来源，通过农业生产，获得最基本的生活资料，满足最基本的物质需要。村落里的人们也在共同的生活中基于家族伦理与社会交往形成较为稳定的社会关系网络，这一社会关系网络与沿袭下来的村规民约等共同体规范，对这一地域范围的人们在思想与行为上起到了规范与约束的作用，也产生了重要的情感依托，以满足村落的人们的物质与生活需求。中华人民共和国成立以后，党和国家的工作重点从农村转向城市，“单位制”成为中国城市基层管理的重要组织形式。

而城市社区治理法治化的演进正是适应社会发展的需要，经历了“单位制”与“街居制”并存的初步探索阶段，以社区服务为重点到推进社区建设的基本形成阶段，进入了社区治理的全面深化阶段。

① 刘建军：《社区中国：通过社区巩固国家治理之基》，载《上海大学学报（社会科学版）》2016 年第 6 期。

② 费孝通：《乡土中国》，人民出版社 2008 年版，第 1 页。

第一节 初步探索（1949—1982年）：城市基层管理逐步发展为“单位制”与“街居制”并存的阶段

1949年至1956年，在新民主主义向社会主义过渡时期，我国的社会治理与国家政权建设相适应，通过改造基层社会、政治动员等方式推动新中国的社会治理。在城市，“单位制”为城市基层社会的主要管理形式。中华人民共和国成立后，中国共产党面临着一个从晚清时期开始整个中国政治解体与社会解组相结合的“总体性危机”。[①] 要结束混乱无序的社会状态，恢复良好的社会秩序，使政治、经济、社会发展能步入正常轨道，首要的任务就是把全社会组织起来，构筑有效的组织体系，“单位制”就成为城市基层社会进行有效管理的最佳选择。“单位制”是对我们党在战争年代形成的“公家人”管理制度的延续和发展，“公家人”管理制度是对以共产党员为核心的公职人员，包括党群团体、军队、政治机构和公营企事业中的成员，一律实行供给制，供给范围包括衣、食、住、行、学、生、老、病、死、伤残等，依照个人职务和资历确定不同等级

① 孙立平：《“自由流动资源”与“自由活动空间”——论改革过程中中国社会结构的变迁》，载《探索》1993年第1期。

的供给标准。“单位制”将供给制逐步发展为工资制。单位作为国家在城市基层社会进行管理的组织体系，负责对社会资源集中分配，既是其成员实现社会化的唯一通道①，也是为其成员提供教育、文化、医疗、卫生等公共服务的重要主体，使单位成员对单位有着极强的依附关系。同时单位成员在这样的组织体系中，基于地缘、业缘等紧密联系起来，形成了具有极强同质性的关系网络和社区化。②

同时，单位所形成的这种同质性的关系网络必然会带来“排他性”，对单位以外的人员，如单位员工家属、手工业者、商人、自由职业者及其他各阶层人士，单位则束手无策。为了加强对无单位人的管理，“街居制”的产生成为社会发展的必然趋势。1954 年，全国人大一届四次会议通过的《城市街道办事处组织条例》③《城市居民委员会组织条例》④ 以立法形式确定在城市设立街道办事处与居民委员会，构建起区、街道、居委会三级城市基层政权组织体系，标志着城市街居制度的正式建立。根据《城市居民委员会组织条例》第 2 条的规定，城市居民委员会有以下任务：办理有关居民的公共福利事项；向当地人民委员会或者它的派出机关反映居民的意见和要求；动员居民响应政府号召并遵守法律；领导群众性的治安保卫工作；调解居民间的纠纷。城市管理逐步发展为“单位制”与“街居制”并存的管理模式，对维护城市基层社会秩序和稳定发挥了重要作用。

---

① 刘建军：《单位中国——社会调控体系重构中的个人、组织与国家》，天津人民出版社 2000 年版，第 566 页。

② 田毅鹏、胡水：《单位共同体变迁与基层社会治理体系的重建》，载《社会建设》2015 年第 2 期。

③ 2009 年 6 月 27 日第十一届全国人民代表大会常务委员会第九次会议决定废止该条例。

④ 1990 年 1 月 1 日该条例被废止，《城市居民委员会组织法》同时施行，2018 年对其予以修正。

第二节　基本形成（1982—2012 年）：城市基层管理从以社区服务为重点到推进社区建设阶段

1982 年召开的党的十二大是在改革开放以后我们党召开的第一次全国代表大会，邓小平在开幕词中响亮提出："把马克思主义普遍真理同我国的具体实际结合起来，走自己的道路，建设有中国特色的社会主义。"1987 年召开的党的十三大准确定位了我国所处的社会发展阶段，系统阐述了社会主义初级阶段理论，明确提出了党在社会主义初级阶段的基本路线。在这一阶段，中国社会又经历了剧烈的变迁，在从传统的封闭的农耕社会向现代的开放的工业社会转型的过程中，我国的所有制结构发生了变化。1984 年党的十二届三中全会通过的《中共中央关于经济体制改革问题的决定》明确提出，我国的经济是"在公有制基础上的有计划的商品经济"。同时指出，要将增强企业活力作为经济体制改革的中心环节，企业"所有权同经营权是可以适当分开的"。1992 年邓小平南方谈话，在党内统一了对计划与市场关系等重大问题的思想认识，党的十四大确立了社会主义市场经济体制，"我国实现了从高度集中的计划经济体制到充满活力的社会主义市场经济体制、从封闭半封闭到全方位开放的历史性转变"。这使"单位制"失去了生存的土壤，面临逐渐瓦解的局面，单位职能也发生了转变，单位对其成员所独自承担的住房、医疗、教育、文化、养老等公共服务职能逐渐转移给社会。随着改革的不断深入，劳动力涌向市场、农村人口涌向城市，社会流动加剧，个体对单位、集体的依存度大大降低，大量“单位人”转为“社会人”，而住房制度改革使住房作为商品在市场流通，这也使居住在同一社区的居民不再是基于地缘、血缘、业缘等原因而联系起来的熟人，而是来自四面八方、五湖四海的陌生人。在由大多数“陌生人”组成的社区里，居民之间的利益多元化、情感联系较少、难以形成共同的社区价值，这就需要社区通过社区建设承担起管理与服务的职责，凸显自身作为社会生活共同体的功能，满足多元的社区成员的需求，为社会稳定与发展提供保障。

1986 年，民政部首次把“社区”概念引入城市基层管理服务。[①] 1987 年，民政部在武汉市召开“全国城市社区服务工作座谈会”，倡导在城市开展以民政对象为服务主体的社区服务，提出建立具有中国特色的社区服务系统，城市社区服务应从老人服务、残疾人服务、优抚对象服务、困难户服务、儿童服务、家庭服务以及其他便民服务做起，揭开了我国发展社区服务的序幕。1989 年 9 月，民政部在杭州市召开“全国城市社区服务工作会议”，要求在全国普遍开展社区服务工作。[②] 这一时期，中国的城市基层社会管理以社区服务为主，以民政服务为重点。随着社区服务的普及与深入，社区服务对象也逐渐由民政对象扩展到全体社区居民，社区服务内容也不局

---

① 《新中国成立 70 年来的民政“第一”》，载中华人民共和国民政部网 2019 年 10 月 7 日，https：//www. mca. gov. cn/zt/history/zl70/20191000020032. html。

② 李春：《我国城市社区公共服务模式的发展历程与启示》，载《理论导刊》2013 年第 2 期。

限于民政服务，所涉及的项目也越来越广泛。于是，民政部立足于我国社区发展的实际现状，借鉴国外社区的先进经验，在 1991 年提出了社区建设的概念，并在实践中不断探索。

1991 年 5 月 31 日，时任民政部部长崔乃夫在听取基层政权建设司汇报工作时指出，基层组织建设应“着重抓好社区建设”。7 月 5 日，他在中国社会工作者协会成立大会上致词，再次强调要“重视社区建设”。1992 年 10 月，中国基层政权建设研究会在杭州市下城区召开了“全国城市社区建设理论研讨会”。自此以后，“社区服务”的提法进一步延伸为“社区建设”。1996 年 3 月 27 日，上海市召开“城区工作会议”并下发《关于加强街道、居委会建设和社区管理的政策意见》，开始着手建立“两级政府，三级管理”体制并在全国推广。1998 年，国务院在机构改革中明确赋予民政部“指导社区服务管理工作，推动社区建设”的职能。“社区建设”概念正式被国务院认可，并责成新组建的民政部基层政权和社区建设司指导社区管理工作，推动社区建设，从而使我国社区建设有了制度上的保证。同时，民政部明确了以设立社区建设实验区为突破口，在全国范围内探索社区建设发展道路。在城市社区建设发展进程中，“一手抓实验（示范），一手抓研究”成为民政部门推进社区建设的主要工作方式和发展特色。1999 年，民政部制定了《全国社区建设试验区工作实施方案》，明确了社区建设的总体目标、基本原则以及主要内容，提出要改革城市基层管理体制，培育和建立与社会主义市场经济体制相适应的社区建设管理体制和运行机制。1999 年 2 月，为了更全面、更深入地探索推进社区建设的工作思路和运行模式，民政部开展了“全国社区建设实验区”工作，首批确定北京市西城区、杭州市下城区等 26 个“城市社区建设实验区”（国家级实验区）。这一时期中国社区建设突破了社区服务的范畴，具有了更丰富的内涵与内容。[①] 通过实验和探索，整合社区资源和社区力量共同建设社区，倡导社区居民、驻社区机关、团体、部队、企事业单位以及各种社会团体“广泛参与”成为大家的共识。社区建设逐渐形成以社区党建为核心、以社区居民自治组织为主体、以社区中介组织或其他社会组织为补充的发展模式。2000 年 11 月，中共中央办公厅、国务院办公厅转发《民政部关于在全国推进城市社区建设的意见》，明确了社区建设的指导思想、基本原则、主要内容和目标任务，明确“社区建设是指在党和政府的领导下，依靠社区力量，利用社区资源，强化社区功能，解决社区问题，促进社区政治、经济、文化、环境协调和健康发展，不断提高社区成员生活水平和生活质量的过程”，确定了地方党委和政府领导、民政部门牵头、有关部门配合、社区居民和社会力量广泛参与的新的社区建设工作体系。这也标志着我国城市社区建设开始进入全面推进的新阶段，全国各地陆续开始社区建设试点和推广工作：一是按照 2018 年修正的《城市居民委员会组织法》对原城市居委会进行调整；二是建立新的社区组织机构，选配社区工作人员；三是建设社区公共服务设施，开展社区服务；四是理顺政府与社区的关系，建立社区工作相关制度并开展工作。2001 年，社区建设被列入国家“十五”计划发展纲要。2006 年，党的十六届六中全会第一次提出了“农村社区”概念，开始在全国范围内推进农村社区建设。2009 年 10 月 19 日，民政部在苏州召开全国和谐社区建设工作会议，确定“建设管理有序、服务完善、文明祥和的社会生活共同体”的目标，统筹推进城乡社区建

---

① 向德平、华汛子：《中国社区建设的历程、演进与展望》，载《中共中央党校（国家行政学院）学报》2019 年第 3 期。

设。会上民政部宣布北京市丰台区丰台街道永善社区等500个社区为全国和谐社区建设示范社区。2009年11月，民政部发布《关于进一步推进和谐社区建设工作的意见》，明确了“健全以基层群众自治为基础的新型社区管理体制机制，不断提高基层治理水平”“完善以民生需求为导向的新型社区服务体系，不断提高社区居民生活水平”“繁荣以增强社区凝聚力为宗旨的城乡社区文化，不断提高社区居民文明素质”等主要任务。2011年5月，中共中央、国务院印发《关于加强和创新社会管理的意见》，明确了加强和创新社会管理的指导思想、总体要求和基本原则，要求“完善党委领导、政府负责、社会协同、公众参与的社会管理格局，加强社会管理法律、能力建设，完善基层社会管理服务”。2012年党的十八大指出“要健全基层党组织领导的充满活力的基层群众自治机制”，强调要“更加注重发挥法治在国家治理和社会管理中的重要作用”“加快形成党委领导、政府负责、社会协同、公众参与、法治保障的社会管理体制”。

第三节　全面深化（2013 年至今）：城市基层管理进入社区治理的新阶段

这一阶段，社区建设的重点在于构建城乡社区治理体系，提升城乡社区治理能力，打造共建共治共享的治理格局。社区治理是社区建设的新阶段，是国家治理的重要组成部分。2013 年 11 月，党的十八届三中全会通过的《中共中央关于全面深化改革若干重大问题的决定》，首次使用“社会治理”概念，把“创新社会治理体制”作为全面深化改革的重要任务。提出要“创新社会治理”“提高社会治理水平”，通过“坚持系统治理、依法治理、综合治理、源头治理”来“改进社会治理方式”。2014 年 10 月，党的十八届四中全会通过《中共中央关于全面推进依法治国若干重大问题的决定》，更加突出强调法治在社会治理中的重要地位和重要作用，明确提出“加快保障和改善民生、推进社会治理体制创新法律制度建设”“推进多层次多领域依法治理。坚持系统治理、依法治理、综合治理、源头治理，提高社会治理法治化水平”。2015 年 7 月，中共中央办公厅、国务院办公厅印发《关于加强城乡社区协商的意见》，明确要“开展形式多样的基层协商，推进城乡社区协商制度化、规范化和程序化”。2015 年 10 月，党的十八届五中全会通过的《中共中央关于制定国民经济和社会发展第十三个五年规划的建议》，要求“完善党委领导、政府主导、社会协同、公众参与、法治保障的社会治理体制，推进社会治理精细化，构建全民共建共享的社会治理格局”“增强社区服务功能，实现政府治理和社会调节、居民自治良性互动”“加强社会治理基础制度建设”。2017年6月，《中共中央、国务院关于加强和完善城乡社区治理的意见》指出，“完善城乡社区治理体制，努力把城乡社区建设成为和谐有序、绿色文明、创新包容、共建共享的幸福家园”。2017年10月，党的十九大报告提出，“加强社区治理体系建设，推动社会治理重心向基层下移，发挥社会组织作用，实现政府治理和社会调节、居民自治良性互动”。2018年2月，党的十九届三中全会通过《中共中央关于深化党和国家机构改革的决定》，关注发挥社会组织在社会治理中的作用，明确提出“推进社会组织改革”“按照共建共治共享要求，完善党委领导、政府负责、社会协同、公众参与、法治保障的社会治理体制”。2019年10月，党的十九届四中全会通过的《中共中央关于坚持和完善中国特色社会主义制度　推进国家治理体系和治理能力现代化若干重大问题的决定》，强调“完善党委领导、政府负责、民主协商、社会协同、公众参与、法治保障、科技支撑的社会治理体系，建设人人有责、人人尽责、人人享有的社会治理共同体”。2020年10月，党的十九届五中全会通过的《中共中央关于制定国民经济和社会发展第十四个五年规划和二〇三五年远景目标的建议》，提出“推动社会治理重心向基层下移”，强调“向基层放权赋能，加强城乡社区治理和服务体系建设，减轻基层特别是村级组织负担”，同时提出“构建网格化管理、精细化服务、信息化支撑、开放共享的基层管理服务平台”，强调要“加强和创新市域社会治理，推进市域社会治理现代化”。2022年10月，党的二十大报告首次将“坚持全面依法治国，推进法治中国建设”作为党的代表大会主题报告的专章，并将“加快建设法治社会”纳入法治中国建设整体布局，强调“推进多层次多领域依法治理，提升社会治理法治化水平”。这也标志着城市社区法治化成为城市社区治理的重要特征。

05

第五章

城市社区治理法治化的现实需求

城市是我国经济、政治、文化、社会等方面活动的中心，在党和国家工作全局中具有举足轻重的地位。党的十八大以来，以习近平同志为核心的党中央深刻认识到城市在我国经济社会发展、民生改善中的重要作用，提出了“人民城市”重要理念，不断加强党对城市工作的领导，深刻回答了城市建设为了谁、依靠谁的问题，走出了一条中国特色城市发展道路。

随着城镇化进程的推进，城镇区域不断扩张，加上城镇人口自然增长和乡村人口流入城镇等因素影响，城镇人口持续增加。2022 年年末，我国城镇常住人口达到 92071 万人，比 2021 年增加 646 万人。常住人口城镇化率为 65.22%，比 2021 年提高 0.5 个百分点。① 城镇化的高速发展，使城市治理成为社会发展的重要议题。而城市社区作为一定区域的人们基于物质资料与生产活动而聚集起来的社会生活共同体，作为城市治理的基本单元，其治理效果关乎城市治理效果。根据《“十四五”新型城镇化实施方案》确定的新型城镇化战略的目标任务和政策举措，当前城市治理需要提高街道社区治理服务水平，并提出了“健全党组织领导、社区居委会主导、人民群众为主体，各类组织积极参与，自治、法治、德治相结合的城市基层社会治理体系”的具体要求。法治作为治国理政的重要手段，在城市基层社会治理体系中发挥着重要的作用。

① 王萍萍：《人口总量略有下降　城镇化水平继续提高》，载国家统计局网 2023 年 1 月 18 日，https://www.stats.gov.cn/sj/sjjd/202302/t20230202_1896742.html。

第一节 法治化是城市社区治理现代化的关键

推进国家治理体系与治理能力现代化是全面深化改革的总目标，城市社区作为社会治理的基本单元，是社会治理在城市的“最后一公里”，推进城市社区治理现代化，是推进国家治理体系和治理能力现代化的题中应有之义，也是夯实党的执政基础、巩固基层组织能力的必然要求。城市社区治理的目标是实现城市社区治理现代化，法治作为一种社会治理或社会控制的基本方式，[①] 其主要功能就是通过制定社会行为规范及相应的规范性文件实现对公权力的规制和对私权利的保障，以实现法对于公平正义、稳定社会秩序、保障公民权益、规制政府权力的价值目标。法治的要素首先是要形成健全完备的法律体系，其次是要得到公民和社会对法律体系的普遍认同并严格遵从，从而形成稳定的社会秩序。而稳定的社会秩序正是城市社区治理的基本目标，法治也成为城市社区善治的基本要素，对城市社区进行法治化治理成为多元治理主体对城市社区合作共治进而实现城市社区治理现代化的必然选择。

从历史上讲，现代化主要是指人类社会从工业革命以来所经历

---

① 易有禄、熊文瑾：《城市社区法治化治理：目标定位、要素构成及路径选择》，载《南昌大学学报（人文社会科学版）》2022 年第 3 期。

的一场涉及社会生活诸领域的深刻的变革过程，这一过程以某些既定特征的出现作为完结的标志，表明社会实现了从传统向现代的转变。从制度文明的层面来看，现代化主要是指现代以来一种社会和文化变迁的现象，治理体系和治理能力现代化是国家治理和基层社会治理在制度文明意义上的两个向度。其现代化特征主要表现为民主之治、科学之治、文明之治与规范之治。而规范之治正是以法治为基本准绳，制度与规范是其基础，公平正义是其核心价值，程序与秩序是其实现目标。所以，城市社区治理的现代化，在某种意义上即法治的现代化。这是因为，国家治理与法律运用有着同样的治理方式，法治化不仅是国家治理现代化的核心内容，也是国家治理民主化、科学化、文明化的重要法制保障。现代化的社区治理必然要求完备的法律规范体系、高效的法治实施体系、严密的法治监督体系、有力的法治保障体系，这需要国家顶层设计来实现，以保障城市社区治理严格遵从规则与程序。

第二节　法治化是城市社区治理现代化的基本要求

治理现代化包含治理体系和治理能力现代化，对城市社区治理而言，治理体系现代化要求城市社区具有健全完备的制度体系，治理能力现代化要求城市社区具有依法治理的能力要素。二者相互联系，相互促进，不可或缺。习近平总书记指出："人类社会发展的事实证明，依法治理是最可靠、最稳定的治理。"① 因为法治具有全局性、根本性、长期性、稳定性、可预期性的制度优势，全面依法治国，就是要厉行法治，树立法律权威、制度权威，这是中国之治的显著特征。

城市社区治理要实现治理体系现代化需要形成健全完善的制度体系。通过制度规则确立多元治理主体的权责关系，厘清各治理主体的权责边界，保证各治理主体合作共治机制的良性运行。社区民众能依照制度规则和程序要求行使权利，通过预期自己的行为后果，对自己的行为作出判断，从而引导社区民众的正确行为方式，以实现一种有序的治理秩序。城市社区治理制度规则的制定与遵循必然要求在民主的基础上，按照法定程序进行，规则的修改与完善也是

① 习近平：《在庆祝澳门回归祖国15周年大会暨澳门特别行政区第四届政府就职典礼上的讲话》，载《人民日报》2014年12月21日，第1版。

在总结经济与社会发展规律的基础上，按照法定程序进行，从而体现法治化所包含的民主与科学的内涵。法治是文明的载体，也是文明的内涵，通过法治引导文明、表达文明、保障文明成果，引导一种文明的生活方式作为社会生活的主流。

城市社区治理要实现治理能力现代化要求领导干部运用法治思维和法治方式来治理社区。法律的生命力在于执行，否则就形同虚设。因此，提升城市社区治理现代化必须提升城市社区的依法治理能力。宏观上讲，法治能力包括党的依宪依法执政能力、立法机关的立法能力、行政机关的执法能力和司法机关的司法能力，它是一个国家整体法治能力和法治文明水平高低的重要标尺。[①] 具体到社区治理，要求领导干部把法治理念、法治精神、法治原则和法治方法，贯穿到社会治理的政治、经济、社会、文化、生态等综合实践之中，逐步树立以法为据、以法治为习惯、践行法治的法治信仰。习近平总书记强调，"领导干部要把对法治的尊崇、对法律的敬畏转化成思维方式和行为方式"。这种敬畏就是一种信仰，是对法治权威的认同，同时在实践中尊法、守法、学法与用法，以真正践行法治理念，让法治成为一种信仰，从而将法治思维方式与行为方式融入指导城市社区治理的理念、模式与方式中。

---

① 龚廷泰：《新时代中国社会治理法治化发展进程的逻辑展开》，载《法学》2022 年第 6 期。

第三节 法治化是城市社区治理现代化的重要手段

习近平总书记在不同场合从不同角度多次阐述了现代法治对实现中华民族伟大复兴的重要意义，他指出："推进国家治理体系和治理能力现代化，当然要高度重视法治问题"，因为"法治是治国理政的基本方式""法治是国家治理体系和治理能力的重要依托"，法治也是"事关我们党执政兴国的一个全局性问题""法治是治国理政不可或缺的重要手段。法治兴则国家兴，法治衰则国家乱"。"综观世界近现代史，凡是顺利实现现代化的国家，没有一个不是较好解决了法治和人治问题的。相反，一些国家虽然也一度实现快速发展，但并没有顺利迈进现代化的门槛，而是陷入这样或那样的'陷阱'，出现经济社会发展停滞甚至倒退的局面。后一种情况很大程度上与法治不彰有关。"① 这些论述充分表明了法治化是治理体系和治理能力现代化的题中应有之义。

一、法治化促进城市社区形成规范秩序

费孝通指出："人的社会有三层秩序，第一层是经济的秩序，第

① 中共中央文献研究室编：《习近平关于全面依法治国论述摘编》，中央文献出版社2015年版，第3、5～8、12页。

二层是政治上的共同契约，有共同遵守的法律，第三层是大众认同的意识。”[①] 从社会制度角度分析，法律属于规则层次，治理属于组织层次，最终需要落实到社区个体的具体行为之中。作为规则层次的法律制度，本质上是通过规范、概念、原则等抽象物对个体的行为进行引导和规范，进而使人的具体行为得到有效的规制。[②] 对城市社区进行法治化治理，就是通过健全、完备、良善的法律制度体系，来引导、规制社区内各治理主体的具体行为，以实现城市社区的规范秩序。

但面对城市居民群体日益激发的对政治权力以及民主参与的需求，城市社区治理在制度供给上仍显不足，城市社区并没有完全形成合理的规范秩序。比如，单位制向社区制转型后所表现的城市社区功能的转变、治理主体对自身角色定位的认识不清、社区居委员面临的体制性困境等；城镇化进程中所表现的城市人口扩充、流动性加剧以及引发的大量城市犯罪等对城市社区所带来的治理冲击；城市更新过程中因拆迁、老旧小区改造、居民迁徙等产生的矛盾纠纷频发；深化改革过程中，因调整利益分配方式在教育、医疗、环境、卫生、健康、养老等领域产生的资源分配不公所带来的矛盾冲突不断等。这使城市社区治理创新成为社会发展的必然要求，城市社区治理法治化模式成为新时代新阶段城市社区治理现代化的重要手段。城市社区治理需要通过治理方式、治理机制、治理规则、治理理念等变革，来化解矛盾冲突、应对风险挑战、疏解社会心理，使城市社区形成合理的规范秩序。

---

① 费孝通：《费孝通文集》（第 13 卷），群言出版社 1999 年版，第 3 页。

② 易有禄、熊文瑾：《城市社区法治化治理：目标定位、要素构成及路径选择》，载《南昌大学学报（人文社会科学版）》2022 年第 3 期。

作为城市社区治理现代化的重要手段，城市社区治理的法治化模式能够构建起各类权利主体之间的权责关系与权责边界，通过对各类治理主体行为方式的规制与引导，同时对各类治理主体特别是社区居民群体的合法权益的保障与服务，实现社区各类治理主体在利益多元化基础上的和谐稳定。具体来说，在城市社区治理中，法治的基本功能是规范各治理主体的行为。通过构建城市社区各类治理主体之间的行动框架，形成社区治理法治体系，来规范社区各类治理主体的行为，以解决社区的矛盾问题，调整社区的权利义务关系，实现公平正义的价值目标。在城市社区中，通过制度规制、规范治理，制定出城市社区的多元治理规则。明确了基层党组织、基层政府、社区居委会、其他社会组织、经济组织、社区居民等多元治理主体的行动框架与权责边界，建立了体现法治价值的城市社区治理体制机制。法治化模式重视规范和约束城市社区治理中公权力的治理行为，保障城市社区治理中各类治理主体尤其是社区居民群体的合法权益，同时规范和保障社区内社会组织、社区居民依法自治的权利，鼓励与保障物业服务公司等社区内市场主体的行为，对其市场行为给予较为稳定的预期。正是通过明确各治理主体的权利地位、权利运行机制、权利保障机制等，形成城市社区治理多元主体体系。同时法治通过与政治、自治、德治、智治等其他治理方式相结合，去疏散化解城市社区治理中的现实困境与发展障碍，建立健全政治、法治、德治、自治、智治“五治”融合的城市社区综合治理体系，以政治强引领、以法治强保障、以德治强教化、以自治强活力、以智治强支撑，积极探索城市社区治理新路径，打造共建共治共享的基层治理新格局。

二、法治化促进城市社区形成和谐共同体

富勒认为，“社会设计中的一个普遍存在的问题便是如何把握支持性结构与适应性流变之间的平衡”“我们所关心的……是作为一个整体的社会中的各种（通常默默展开的）过程之间如何达致和谐与平衡的问题”①。社区作为城市居民生活的共同体，成为党和政府联系服务群众的直接纽带，通过城市社区有效治理，打造和谐平衡的社区环境，进而构建和谐共同体，以满足城市社区居民对美好生活的需要。

马克思对共同体的理解经历了从“自然共同体”“虚假共同体”到“真正共同体”的转变，“真正共同体”集中体现了追寻人与自然、社会和谐统一的“和谐共同体”所要达到的最高境界，“和谐共同体”正是实现“真正共同体”的必经阶段。② 和谐共同体，一方面体现了对实现“美美与共”“天下大同”理想社会的共识，另一方面则表现为通过治理系统的结构性稳定和体制性变革实现社会结构性的平衡。党的十六届六中全会通过的《中共中央关于构建社会主义和谐社会若干重大问题的决定》提出了构建社会主义和谐社会的总要求，“按照民主法治、公平正义、诚信友爱、充满活力、安定有序、人与自然和谐相处的总要求，以解决人民群众最关心、最直接、最现实的利益问题为重点，着力发展社会事业、促进社会公平正义、建设和谐文化、完善社会管理、增强社会创造活力，走共同富裕道路，推动社会建设与经济建设、政治建设、文化建设协调

① ［美］富勒：《法律的道德性》，郑戈译，商务印书馆2005年版，第35~36页。

② 梁丽：《马克思“和谐共同体”思想与和谐社会的构建》，载《重庆邮电大学（社会科学版）》2012年第3期。

发展”。也提到了城市社区建设的目标，“全面开展城市社区建设，积极推进城市社区建设，健全新型社区管理和服务体制，把社区建设成为管理有序、服务完善、文明祥和的社会生活共同体”。其中，“民主法治”作为总要求之一居于首位，可见法治促进城市社区形成和谐共同体的功能也得到党和国家的高度重视。

传统中国社会大多是根据“关系本位”而呈现出“差序格局”的社会结构，这种“差序格局”的社会结构仍然存在于很多现代化的城市社区中。即以“己”为中心，逐渐一个人一个人推出去，继而构成私人关系网络，并由“己”的势力厚薄决定这个“把一块石头丢在水面上所发生的一圈圈推出去的波纹”①。个人与其他人所具有的关系，不是同等的，而是依据血缘亲缘或者拟血缘亲缘（同学、同乡等）的远近标准而加以亲疏对待。人际关系呈现出“同心圆”或者“蛛网型”结构。即个人是圆心或网中心，其他人根据关系的亲疏远近分别处在不同的圈层之中，每个人与处在不同圈层中的其他人打交道，遵循的是不同的规范和原则，从而形成一种具有鲜明“差序格局”特征的“道德秩序”和“关系结构”。这与西方社会经历社会转型、进入现代化崛起之后，价值信仰、历史传统、现实条件、制度模式等多方面因素在复杂的互动过程中所形成的“团体格局”的社会结构不同，即每个人是一个点，再由点组成各个小团体乃至社会整体。因此，个人与个人（点与点）之间、个人与团体（点与小圆）之间、个人与社会（点与大圆）之间，乃至团体与团体（小圆与小圆）之间、团体与社会（小圆与大圆）之间都有着比较明确的权责界限，由此形成的社会结构易于倾向多中心（分权制

---

① 费孝通：《乡土中国 生育制度 乡土重建》，长江文艺出版社 2019 年版，第 26 页。

衡）、多元化和契约化（法治型）的治理模式。

现代城市社区与农村社区、单位型社区在产生背景、治理模式、服务内容、治理制度与机制方面等方面有所区别，现代城市社区基于不同的血缘、业缘、趣缘而形成不同的群体、团体或关系网，这些具有异质性的人们只是因为居住在同一社区而结成地缘群体，本质上是一种陌生人社会。农村社区大多是基于血缘（宗族）或生产劳动等纽带而聚居在一起形成的关系网。单位型社区则是基于工作单位这一纽带而在单位同事之间、单位同事与同事家属之间、同事家属之间形成的关系网。这样的同质性使农村社区和单位型社区呈现为一种熟人社会。很显然，同质性的熟人社会里，人们会有更频繁的人际交往与利益往来，从而形成较为亲密、稳定而长久的人际关系网络。而现代化城市社区里，随着人口流动性的加剧，信息社会的发展，人际交往不再频繁，呈现一种较为疏离与浅层次的特征，虽然借助网络、数据等方式扩展了越来越多的线上群体，形成了以互联网为媒介的网络关系空间，但这也带来了更多元与复杂的矛盾纠纷。在这样的异质性的陌生人社会里，传统社区所承载的人们的现实交往功能被这样的网络空间关系占据，人们对于社区的参与感、归属感与认同感不高。同时，现代城市社区居民在城镇化进程中，表现出了比农村社区群众更强烈的权利意识以及更明确的利益诉求。如何回应这些多元利益诉求，满足多元主体的治理需求，构建城市社区和谐共同体则成为城市社区治理的重要课题。

三、法治化是以一种和平理性的方式解决各种社会矛盾的有效途径

法治既表现为法律规范和法律实践，也表现为蕴含在法律规范

与法律实践中的价值理念。法律规范是由国家制定或认可，对人民普遍意志的集中反映，是引领和规范社会生活的准绳，是国家根据社会性质、政治体制、经济发展与历史文化作出的制度安排。作为法律实践，法治是以和平理性的方式解决社会矛盾的有效途径，是思维方式与行为方式叠加而成的一种生活方式。而蕴含在法律规范与法律实践中的价值理念，体现为对秩序、公正、人权、效率、和谐等价值目标的需求。正是有法治价值的支撑引导，制度安排才能合理，只有法治价值得到普遍认同，法治才能得以实施。

法治作为一种以和平理性方式解决社会矛盾的有效途径，对城市社区各治理主体提供了更为明确以及规范的方式选择。法作为一种制度化的构成物，是调整社会关系的特殊的社会行为规范，这种规范性的特征是法区别于其他社会调整形式的特点之一。法的作用是法对人与人之间所形成的社会关系所发生的一种影响，可以分为规范作用和社会作用。法的规范作用即对人的行为产生指引、评价、预测、强制、教育等作用；法的规范作用是实现法的社会作用的手段，而法的社会作用则是法的规范作用的目的，即维护特定人群的社会关系和社会秩序。

具体来说，城市社区治理正是通过法律规范的指引、评价、预测、强制和教育等手段，来维护城市社区各治理主体的权责关系和社会秩序。现代化城市社区治理面临治理主体多元化、利益诉求多样化、矛盾纠纷复杂化等现状，需要以更规范的方式来明确各治理主体的权责范围与权责边界，从而理顺各治理主体在城市社区合作共治时的体制机制；需要以更有序的方式来汇集城市社区各个群体的意见诉求与利益表达，从而准确掌握社区民众的真实需求，形成需求清单，分类予以解决；需要以稳定预期的方式来解决城市社区在异质性社会结构里易发的矛盾纠纷、利益冲突，让城市社区居民能在法律规范的明确性、刚性约束与指引下按照诚实守信原则进行交往，处理矛盾纠纷时遵从法律规范与社区准则，以法治精神来维护城市社区秩序，促进实现社区之间、社区居民之间、群体与群体之间、社区居民与群体之间、社区居民与基层政府之间及公民与国家之间的和谐，建构城市社区和谐共同体。

06

第六章

城市社区治理法治化的主要内容

城市社区治理体系和治理能力现代化是国家治理体系和治理能力现代化的重要内容。习近平总书记指出："推进国家治理体系和治理能力现代化，必须抓好城市治理体系和治理能力现代化。"城市社区治理现代化，意味着城市社区治理各方面能够有机衔接、联动集成、协同协调，需要治理体制机制的科学完善和法规制度的健全有效。法治是城市社区治理体系和治理能力的重要依托，城市社区治理法治化为推进城市社区治理现代化提供重要保障。在推进城市社区治理法治化进程中，利用法治的权威性、稳定性、程序性等优势，充分发挥法治对城市社区治理的引领、规范、保障作用，运用法律制度有效统筹社会力量、平衡社会利益、调节社会关系、规范社会行为、化解社会矛盾，不断增强城市社区治理的系统性、规范性、协调性，让城市在深刻变革中既生机勃勃又井然有序。

第一节 城市社区治理法治化的目标定位

2017 年发布的《中共中央、国务院关于加强和完善城乡社区治理的意见》提出了“全面提升城乡社区治理法治化、科学化、精细化水平和组织化程度，促进城乡社区治理体系和治理能力现代化”的要求，同时将城乡社区治理的总体目标划分了两个阶段，其中第二个阶段的总体目标是 2020 年之后的 5～10 年，“城乡社区治理体制更加成熟定型，城乡社区治理能力更为精准全面，为夯实党的执政根基、巩固基层政权提供有力支撑，为推进国家治理体系和治理能力现代化奠定坚实基础”。2021 年发布的《中共中央、国务院关于加强基层治理体系和治理能力现代化建设的意见》也提出了加强基层治理体系和治理能力现代化的主要目标，“力争用 5 年左右时间，建立起党组织统一领导、政府依法履责、各类组织积极协同、群众广泛参与，自治、法治、德治相结合的基层治理体系”。这两份重要的中央政策性文件对加强和完善城乡社区治理、加强基层治理体系和治理能力现代化建设分别提出了具体的目标，而法治化通过促进城市社区形成规范秩序、形成和谐共同体、以和平理性的方式解决矛盾等作用的发挥成为实现城市社区治理现代化的关键、基本要求与重要手段，城市社区治理法治化对于党和国家政策目标的实现发挥着重要作用。

一、实现城市社区治理的规则之治

在推进国家治理体系和治理能力现代化的进程中，城市社区治理作为基层治理的重要场域，也成为推进国家治理现代化的题中应有之义。法治化是治理现代化的基本要求与制度保障，通过法治化调整、平衡国家、社会与公民的关系，实现政府、社会、民众的良性互动，推进建设中国特色社会主义现代化国家。

城市社区治理法治化的实质是用法律制度与法治思维重塑城市社区治理的现代化模式，通过建立健全城市社区治理法治体系，促进城市社区治理法治化。因此，城市社区治理法治化要达到规则之治的目标，需要把城市社区治理置于国家法律体系的框架内，社区治理的理念、方法和运行机制都是依据既定的法律规范和规则进行的，做到有章可循，于法有据，通过城市社区法治化治理，实现基层治理与国家治理在制度上的有效衔接。具体来说，城市社区的多元治理主体在参与社区治理时，必须尊崇宪法、法律和相关规范性文件的原则要求，做到“办事依法、遇事找法、解决问题用法、化解矛盾靠法”，实现城市社区治理法治化的规范要求。

二、促进民生与人的现代化的目标

城市社区治理法治化所秉持的理念，即城市社区治理法治化的价值取向，是对客观价值关系所作出的主观判断。在“人民城市人民建，人民城市为人民”理念指引下，城市社区治理法治化的出发点与落脚点都是人民，都是要促进民生与人的现代化。为了实现建设人民城市的目标导向，城市社区法治化按照法治政府、依法治理、权利保障等法治理念，通过规范化和制度化的方式将这些法治理念融入城市社区治理的各个环节，使城市社区治理能够体现规则之治的本意。

同时，城市社区治理实际上是法治与社区自治相辅相成、相得益彰的过程，为了实现促进民生与人的现代化的目标，社区治理应当体现社区民众的主体地位，涉及社区公共法律服务体系、服务方式、内容以及领域等相关问题，不能仅仅考虑大多数人利益而忽略少数群体利益，应充分考量多元利益主体的差异化诉求。因此，城市社区治理除了依据法律法规等硬性规定，也应依据社区居民公约等体现社区自治性质的软性规定，即城市社区各治理主体以及社区各成员间通过民主协商制定的有实际效力的议事及行为规则。当然社区自治是在法律规制下的自治，法律体系仍然发挥规范指引作用，社区自治所表现的自主性、自治性与自律性正是法律内化于心所产生的积极效果。正如雅各布斯认为，如果总是想要打造一个“像模像样”的城市或街区，那似乎是只按照严格的法则而将它变成了艺术品，那么最终它就既不是艺术也不是生活，而只是一种标本。[①] 城市社区治理法治化也是追求社区自治的过程，社区治理的理念、方法和运行机制是在依据既定的法律规范和规则进行治理的基础上，针对不同的利益群体进行差异化治理，以满足城市社区居民对社区公共事务自我教育、自我管理、自我服务的需求的实现过程。

三、形成多元治理主体的治理机制

社会治理是一项长期而复杂的系统工程，完善的社会治理格局应当由“单一治理主体”转变为共建共治共享理念下的“治理共同

---

① ［加拿大］雅各布斯：《美国大城市的死与生（纪念版）》，金衡山译，译林出版社2006年版，第417页。

体”。从党的十九大提出“完善党委领导、政府负责、社会协同、公众参与、法治保障的社会治理体制”，到党的十九届四中全会提出“完善党委领导、政府负责、民主协商、社会协同、公众参与、法治保障、科技支撑的社会治理体系，建设人人有责、人人尽责、人人享有的社会治理共同体”，再到党的二十大继续强调“建设人人有责、人人尽责、人人享有的社会治理共同体”，社会治理共同体成为基层社会治理的重要模式。社会治理共同体强调共建共治共享，共建理念下的社会治理共同体，注重唤醒多元主体的民主参与意识，进而达成协同治理的共识；共治理念下的社会治理共同体，努力促使成员激发治理热情、履行治理责任；共享理念下的社会治理，在兼顾效率和公平的基础上，建立利益分配与补偿机制，同时注重加强教育引导，培养塑造良好积极的社会心态，提升人民群众获得感、幸福感、安全感。协同治理、履行责任、建立利益分配与补偿机制等与法治化治理的目标是一致的。城市社区治理法治化强调以民生为本，注重发挥多元主体的协同作用，各级党委政府、社区自治组织、物业公司、辖区机关及企事业单位、其他社会组织、社区居民等治理主体在明晰权责关系的前提下，通过相互合作，协商共建，促进城市社区的优化升级。

第二节　城市社区治理法治化的要素分析

从治理规则—治理主体—治理方式—治理环境的逻辑考量，城市社区治理法治化的要素可以细分为城市社区治理法治化的规则体系、主体体系、方式体系，通过对城市社区的治理规则、多元主体、多元方式等的法理分析，能更深刻理解城市社区治理法治化的理论内涵与现实价值。

一、城市社区法治化治理的规则体系

城市社区通过各种纽带联系了不同的群体、团体或关系网，在这种异质性的陌生人社会中，人际交往较为疏离与浅层次，虽然借助网络、数据等方式扩展了线上群体，形成了以互联网为媒介的网络关系空间，但这也带来了更多元与复杂的矛盾纠纷。而不同的社会群体、团体等因其社会地位、财产、学历、工资等方面的差异而处于不同的社会层次，形成了社会阶层的分化，但同时要共同面临城镇化进程所带来的风险挑战。面对不同权利主体的利益诉求的多元化，城市社区治理法治化秉持法律多元主义和“软法亦法”的理念就具有相对合理性，也更符合城市社区治理的现实基础。[①] 软法是一种法律效力结构未必完整、无须依靠国家强制力保障实施，但能

---

① 罗豪才、宋功德：《认真对待软法——公域软法的一般理论及其中国实践》，载《中国法学》2006 年第 2 期。

够产生社会实效的法律规范。不同于硬法所依赖的“规范性硬约束力”，软法依靠的是“功能性软约束力”，寻求在最大程度上缝合内部分歧，凝聚共识，突破硬法治理局限。这就要求城市社区治理法治化的规则体系不仅应包含传统法治理论上以法律为依据的硬法，还应包含具有社区自治属性的居民公约、民间习惯法等软法。

具体来说，城市社区治理法治化的规则体系应包括中国特色社会主义法律体系，即以《宪法》为统帅，以《宪法》相关法、民商法、行政法、经济法等多个法律部门的法律为主干，由法律、行政法规和地方性法规以及自治条例和单行条例等三个层次的法律规范构成；党内法规体系，即以党章为根本，以民主集中制为核心，以准则、条例等中央党内法规为主干，由各领域各层级党内法规组成的有机统一整体；政府、部门行政规范性文件，即行政机关或者法律、法规授权的具有管理公共事务职能的组织，在法定职权范围内依照法定程序制定的，涉及公民、法人或者其他组织权利、义务，具有普遍约束力，并在一定时期内反复适用的除政府规章之外的行政文件；社区自治规则，如居民公约、民间习惯法、社区议事规则等。其中，法律规范主要是对城市社区治理作出原则性规定，是由国家强制力保障实施，对城市社区治理起着规范、引领、保障等作用；党内法规按照“规范主体、规范行为、规范监督”相统筹相协调的原则，对城市社区党组织的产生和职责、加强和改进党对城市社区治理的领导、基层党组织的自身建设、基层党组织的监督保障等进行规范；各级政府、部门行政规范性文件对基层政府依法行政、严格执法等进行规定，同时对城市社区治理的具体事务作出更为具体、更具可操作性的规定；居民公约、民间习惯法、社区议事规则等社区自治规则是在法律规范的原则下，通过居民充分协商对话，按照民主程序制定的自治规则，对法律规范、党内法规等对城市社区治理作出的原则性规定进行细化与补充。这些与城市社区治理相关的多元规则，有些是具有公权力性质的治理规则，对城市社区治理作出原则性的间接规定，起到了硬规范约束力的作用；有些是具有私权力性质的治理规则，对城市社区治理某一具体领域进行具体的直接规定，起到了软规范约束力的作用。这两类治理规则良好运行，相互交融，体现了国家和社会之间的相互赋权、公权力与私权力的相互调适，形成了城市社区治理的规则机制，进而推动城市社区法治化治理。

二、城市社区治理法治化的主体体系

传统的公共行政理论并未对公共产品、服务的生产和供应进行区分。1959 年，著名公共财政经济学家理查德·A. 马斯格雷夫区分了公共需要的生产和供应。1961 年，文森特·奥斯特罗姆、查尔斯·蒂博特和罗伯特·沃伦对这两个概念进行进一步区分，明确指出公共产品和服务的生产和供应需要分开，公共产品生产既可以由私人企业承担，也可以由公共单位、社会组织等承担。之所以作出这样的区分，是由于按照经济学理论，公共物品具有不可分割性和非排他性。这就决定了在公共物品的供给过程中无法克服"搭便车"行为。[①] 这有可能造成无人愿意提供公共物品，以致生活不便；重复建设也会造成巨大浪费。由此，公共物品无法由市场体系提供，而只能由政府供给。但在一个多元化和多样性的社会中，人们对公共物品的需求是有偏好的，政府无法满足人们偏好的、多样性需求。

---

① 荣容、肖君拥主编：《社区矫正的理论与制度》，中国民主法制出版社 2007 年版，第 278 页。

因此，根据公共产品理论，要同时摆脱“市场失灵”和“政府失灵”的困境，必须发展独立于政府的市场主体、社会组织等参与社会治理。2017年《中共中央、国务院关于加强和完善城乡社区治理的意见》提出，我国的城市社区治理是由基层党组织领导、基层政府负责、居民自治组织及社会力量协同、居民主体积极参与的共同治理。党的十九届四中全会进一步强调“完善党委领导、政府负责、民主协商、社会协同、公众参与、法治保障、科技支撑的社会治理体系”。这就要求城市社区治理应当引入政府、市场、社会等多元力量，建立分级、分层、分类的城市社区治理多元主体协同治理的制度体系，构建法治型多元共治模式。

法治型多元共治模式是指在城市社区治理中，按照法治要求，党委、政府、社区自治组织、市场主体、社会组织等多元主体基于各自优势与职责分工，共同参与城市社区治理。具体来说，社区党组织是城市社区治理的政治领导力量。中国特色社会主义法治的根本要求就是要坚持中国共产党的领导，党建引领社区治理是城市社区治理法治化的前提。按照《中国共产党支部工作条例（试行）》的规定，城市社区党组织负责“全面领导隶属本社区的各类组织和各项工作，围绕巩固党在城市执政基础、增进群众福祉开展工作，领导基层社会治理，组织整合辖区资源，服务社区群众、维护和谐稳定、建设美好家园”。城市社区治理法治化首要的就是加强基层党组织建设，以提升组织力为重点，突出政治功能。同时通过优化组织设置、理顺隶属关系、创新活动方式等来巩固党在城市的执政基础，增进群众福祉。街道办事处是城市社区治理的责任主体。2022修订的《地方各级人民代表大会和地方各级人民政府组织法》第85条规定了街道办事处的性质，“市辖区、不设区的市的人民政府，经上一级人民政府批准，可以设立若干街道办事处，作为它的派出机关”，第86条规定了街道办事处的职责，“街道办事处在本辖区内办理派出它的人民政府交办的公共服务、公共管理、公共安全等工作，依法履行综合管理、统筹协调、应急处置和行政执法等职责，反映居民的意见和要求”。街道办事处应坚持“条块结合、以块为主”的原则，明确与社区居委会的权责范围，在权责清单的基础上依法履行应急处置、行政执法等职责。社区居委会是城市社区治理的群众性自治组织。《城市居民委员会组织法》第2条规定了社区居委会的性质，“居民委员会是居民自我管理、自我教育、自我服务的基层群众性自治组织”。第3条明确了社区居委会的任务，“（一）宣传宪法、法律、法规和国家的政策，维护居民的合法权益，教育居民履行依法应尽的义务，爱护公共财产，开展多种形式的社会主义精神文明建设活动；（二）办理本居住地区居民的公共事务和公益事业；（三）调解民间纠纷；（四）协助维护社会治安；（五）协助人民政府或者它的派出机关做好与居民利益有关的公共卫生、计划生育、优抚救济、青少年教育等项工作；（六）向人民政府或者它的派出机关反映居民的意见、要求和提出建议。”第15条规定，“居民公约由居民会议讨论制定，报不设区的市、市辖区的人民政府或者它的派出机关备案，由居民委员会监督执行。居民应当遵守居民会议的决议和居民公约。居民公约的内容不得与宪法、法律、法规和国家的政策相抵触”。社区居委会作为城市社区自治组织，依法履行相应职责，包括监督居民公约的讨论制定、依法备案等程序执行等。各类物业服务公司等市场主体、业主委员会等社区社会组织和其他社会组织是城市社区治理的重要主体。在城市社区治理中，他们根据相关法律法规以及规范性文件履行社区治理职责，协同参与城市社区治理。

三、城市社区治理法治化的多元方式体系

2015年，中央城市工作会议明确提出，“政府要创新城市治理方式，特别是要注意加强城市精细化管理”。2021年，十三届全国人大四次会议通过的《中华人民共和国国民经济和社会发展第十四个五年规划和2035年远景目标纲要》进一步提出，“不断提升城市治理科学化精细化智能化水平”。城市社区作为城市治理的基本单元，在城市发展不平衡的基础上存在很大的地域差异，而在同一城市中不同社区的成员构成、治理机制、文化内核等也存在差异性，加上城镇化进程中人口流动加剧、矛盾纠纷频发，城市社区这种异质性特点也使社区居民在政治、经济、文化等方面存在多元的利益诉求。采取单一的政治手段、经济手段、文化等手段进行城市社区治理，很难满足城市社区不同治理主体的多元利益诉求，也不能适应城市社区治理现代化的现实需求。因此，以多元方式进行城市社区治理法治化就成为当前我国城市社区治理的现实选择。

具体来说，在推进城市社区治理中，以科学和理性为基础，探索多种方式、方法、手段、工具、技术等，实现技术支撑、智力支持、制度保障、文化引导等多元方式协同推进，进而实现城市社区治理法治化的最优效果。要提升城市社区治理的有效性，需要解决城市社区治理中“信息不对称”与“能力不足”等关键问题，与以往主要依托个体、组织而形成的惯有的治理思路、治理机制、治理方案等“经验治理”手段不同，城市社区治理法治化要求政府通过打造数字社区、智慧社区，广泛运用大数据、人工智能、云计算等为代表的数字治理手段，将数字技术嵌入政府行政模块和公共服务

过程中，借助数字技术手段进行科学分析研判，及时准确地回应特定公共治理需求，提升城市社区治理科学化精细化智能化水平。数字社区、智慧社区建设是一个系统工程，既包括新型数字基础设施、数据资源体系、开放创新体系和协同治理体系，也包括政策法规体系、组织领导体系、标准规范体系、数据治理体系、安全保障体系和建设运营体系等。[①] 这就要求城市社区治理强化政治、法治、德治、自治、智治“五治融合”，以政治强引领、以法治强保障、以德治强教化、以自治强活力、以智治强支撑，积极探索城市社区治理新路径。法治作为重要的保障手段，贯穿和体现于国家主体、市场主体、社会主体等主体的社区治理行为及治理方式之中。通过激活国家主体、市场主体、社会主体三方面在城市社区治理的积极性和创造力，妥善地将政治、经济、社会资源利用和统一起来，才可能达到作为一种价值引导和行为导向的治理法治化目标。

① 原珂主编：《中国城市社区建设与发展报告（2022）》，社会科学文献出版社 2023 年版，第 6 页。

07

第七章

城市社区治理法治化的实践探索

提升城市社区治理法治化水平，是深入推进城市社区治理现代化的基本要求，是推进国家治理体系和治理能力现代化的重要内容。习近平总书记强调："要强化依法治理，善于运用法治思维和法治方式解决城市治理顽症难题，努力形成城市综合管理法治化新格局。"围绕如何提高城市社区治理法治化水平，更好推进城市社区治理现代化、全面践行人民城市理念，基层政府因地制宜探索城市社区治理法治化的创新路径。如重庆市沙坪坝区推进基层立法联系点的生动实践；北京市海淀区创设"人和海淀"诉源治理需求响应平台；上海市徐汇区运用法律科技创新公共法律服务新模式；深圳市福田区以"法治赋能"打造先行示范社区；成都市武侯区将信托制物业嵌入社区治理等。本部分通过介绍具体举措，提炼经验做法，领会其中要义，为推进城市社区治理法治化提供有益探索。

第一节　重庆市沙坪坝区：基层立法联系点的生动实践

一、基本情况

2020 年 7 月，重庆市人大常委会设立了首批 5 个基层立法联系点，[①] 沙坪坝区石井坡街道中心湾社区成为全市首批唯一的社区型基层立法联系点，主要承接与居民生活相关的立法征询工作。2021 年 7 月，沙坪坝区人大常委会成为全国人大常委会法工委第三批基层立法联系点，也是重庆首个国字号基层立法联系点，目前已建成 194 个立法信息采集站、5 个示范点、8 个孵化点，形成了基层立法联系点为核心、联络员单位和信息采集站为延伸的工作格局，中心湾社区是示范点之一，也是其核心联系单位和信息采集点。中心湾社区所在地原为重庆特钢厂，2005 年，重庆特钢厂宣告破产，中心湾社区也面临“环境脏兮兮，人心乱麻麻，秩序乱糟糟，问题成堆堆”的困境。十余年来，特别是基层立法联系点建立以来，中心湾社区深入践行全过程人民民主，以立法联系点催生基层治理新气象。与其他基层立法联系点相比，中心湾社区这个基层“社群型”单位作为国家级基层立法联系点的核心信息采集点，不仅承接省市一级的

① 颜若雯：《重庆增设 5 个基层立法联系点》，载《重庆日报》2022 年 3 月 26 日，第 2 版。

地方立法征询工作，还承接国家级立法征询工作。[①] 截至 2023 年 11 月，沙坪坝基层立法联系点已就《妇女权益保障法》《行政复议法》等 15 部法律开展意见征询，整理上报意见建议 1548 条，其中 86 条被已审议通过的 8 部国家法律采纳，成为名副其实的连接最高国家权力机关和人民群众的“民意直通车”。

二、主要举措

（一）建立制度体系，推进基层立法联系点规范运行

沙坪坝区深化“有制度、有机制、有经费、有阵地、有实效”的“五有”工作格局，建立以“分级分类管理”为重点的基层立法联系点全覆盖运行制度体系。沙坪坝区以《全国人大常委会法制工作委员会基层立法联系点工作规划》和《重庆市人大常委会基层立法联系点工作办法》为指导，相继制定出台《全国人大常委会法工委沙坪坝基层立法联系点立法咨询专家工作办法（试行）》《全国人大常委会法工委沙坪坝基层立法联系点经费使用办法》《沙坪坝区人大常委会关于支持和保障市人大常委会基层立法联系点（中心湾社区居民委员会）工作的意见》等制度规章，通过建章立制和严格考核，助推基层立法联系点规范运行。同时，积极搭建区、镇街、村（社区）三级架构。区级建设主阵地展示全区基层立法联系点体系化建设成果与鲜活实践。镇街级包含 26 个镇街、政府组成部门及驻区高校等社会单位，承担上传下达、统筹规范、总结梳理的职能，是支持基层立法联系点工作的承接力量。村（社区）级注重发挥代表

① 苏二威：《关于加强基层立法联系点建设的思考——基于重庆市首个社区型基层立法联系点中心湾社区的调研》，载重庆人大网 2023 年 2 月 24 日，https：//www. cqrd. gov. cn/site/article/1211320746829697024/web/content_ 1211320746829697024. html。

家站作用，打造融合示范点，使之成为践行全过程人民民主最生动、最直接、最具创新空间的主要阵地。

（二）汇集多方智慧，凝聚基层立法联系点硬核力量

沙坪坝基层立法联系点在建设过程中坚持党建引领、整合多方资源，形成了“党委领导、人大主导、群众主体、专家参与”的立法工作格局。赋能“特钢贤人坊”“和顺茶馆”“和美大院”“过坎居”等基层社会治理品牌和红岩资源，推动基层立法联系点与党群服务站、红岩市民调解站、公共法律服务站等融合建站，打造政府、司法机关、基层社区、社会力量与群众共商共议会客空间，架起党委政府与群众的连心桥。

同时，为了更好地汇集民智，沙坪坝基层立法联系点组建起“专家咨询+群众采集”工作队伍。一方面，在全市高校、科研院所、律师事务所、公检法司等单位遴选聘请36名知名专家学者担任首届立法咨询专家，建立“专群结对”定点联系镇街工作机制，搭建“法言法语”与“民言民语”的双向转化平台。另一方面，“两级”发力构建“微征询”网格。在全区遴选立法信息员218名、镇街立法信息员960名，实施立法咨询专家、立法信息员动态调整机制，优者续聘、劣者退出，确保队伍质量，激发工作效能。同时，整合现有司法资源，推动“三官一师”（法官、检察官、警官、律师）和“法律明白人”进社区。以专家带群众，以机制促保障，使“法言法语”与“民言民语”得以相互转化。

（三）创设工作模式，助推基层立法联系点民主实践

沙坪坝基层立法联系点创设“线上+线下”双征询工作模式，

提升群众广泛参与度。中心湾社区线上依托石井坡“E党建”小程序等5G时代的新媒体，开展“线上培训”“线上普法”“线上意见征询”，打造“24小时不打烊”的工作平台；线下则通过“意见征询会、开放式漫谈会、问效评估会和特钢贤人坊”搭建“三会一坊”工作载体，广泛征询群众、社会组织及辖区单位的立法建议。截至2022年8月，中心湾社区的漫谈会吸引了1000余名群众参与20部法律法规的意见征询工作。

创设“三甄三译”“六步征询法”。“一甄”，甄别法规草案征集意见范围，“一译”，解读法规草案内容及调研重点；“二甄”，甄别具体意见建议的针对性和可行性，“二译”，给予建议必要的补充和阐释；“三甄”，上报立法意见建议报告，“三译”，宣讲和解读已出台的正式法。“六步征询法”，主要注重事前、事中、事后三个环节，即立法意见征集前政策解读工作、立法中意见征集工作和立法后的普法宣传工作。“三甄三译”“六步征询法”能够真正把基层意见反映到国家立法机关。

（四）健全运行机制，提升基层立法联系点治理效能

沙坪坝区依托基层立法联系点，把基层立法联系点工作与民生改善、社会治理、法治建设等工作相融相促，主要围绕群众关心关切的问题来开展立法调研。同时发挥居民在社区治理中的主体作用，以“居民小两会”“三张清单”为纽带，共商社区公共事务。探索“社区今天我当家”“我为大家护一天，大家为我护两年”居民自治的良性运行机制。搭建起与共建单位联动共治的平台，结合实际形成民主公开、民主决策、民主协商的多种方式，不断畅通群众诉求表达渠道，把全过程人民民主融入百姓生活的方方面面。

三、评介

党的二十大报告指出，全过程人民民主是社会主义民主政治的本质属性，是最广泛、最真实、最管用的民主。基层立法联系点是连接立法机关与人民群众的桥梁，反映的是基层的意见和声音。如何让来自基层群众的“金点子”搭乘国家立法“直通车”，送达全国人大常委会，使其成为立法中的重要参考，是基层立法联系点、立法信息员必须要面对的重点问题。沙坪坝区基层立法联系点注重发挥群众主体作用，构建“党建+”法治建设新格局，通过党员志愿者、网格员、立法信息员进网格的方式，扩大宣传面、参与面。注重将自治、法治、德治融合运用于基层立法联系点建设的创新实践，依托微网格广泛收集群众意见，融合共建“特钢贤人坊”“和顺茶馆”“过坎居”等一批群众工作品牌。同时着眼提升群众主体感、参与尊崇感、社会获得感，建立以“尊重劳动、汇聚智慧、规范持续”为重点的全过程人民民主群众参与激励体系。

第二节 北京市海淀区：创设“人和海淀”诉源治理需求响应平台

一、基本情况

诉源治理是社会治理的基础性工作，是基层社会治理法治化的重要内容。为推动诉源治理工作深度融入“街乡吹哨、部门报到、接诉即办”基层治理机制，高效、精准、集约处理基层社会各治理主体的多元司法需求，2020 年 12 月 24 日，北京市海淀区人民法院上线“人和海淀”诉源治理需求响应平台，“人和海淀”平台与北京市高级人民法院统建的“诉讼服务一体化应用系统”对接，实现一站回应，统一管理需求反馈，为辖区组织机构、社会公众提供100%响应、全区域覆盖、一站式办理的诉源治理需求响应服务。“人和海淀”平台集成人工智能、大数据、云计算等信息技术手段，为辖区组织机构和社会公众提供兼具治理需求响应、纠纷在线调解、智能法律咨询等多维度、多层级的共治、自治服务。平台统一受理全区用户提出的法律支持、指导调解、普法宣传、司法确认、意见建议、沟通协调等各类诉源治理需求，通过“诉讼服务一体化应用系统”生成诉源治理类网络工单，并由海淀区人民法院统一筛选、确认、派发、办理。平台上线以来，累计在线接办辖区诉源治理类工单 505 件，实现海淀区 29 个街镇知晓使用全覆盖，有力提升辖区防控化解重大矛盾风险能力水平。[①]“人和海淀”平台获评“2022·政务网站精品栏目”，全国法院系统共有24家单位获奖，海淀区人民法院成为北京法院系统唯一一家获奖单位。

二、主要举措

（一）以“联动联治”开创多元共治新模式

“人和海淀”平台主动融入区域社会治理大格局，对辖区基层治理主体提出的多元司法需求实施24小时“一键接收”“一网通办”“100%响应”，推动实现辖区矛盾风险源头预防、及时预警、联动调处，助力提升区域联防联控的综合治理能力水平。基层治理主体可通过“人和海淀”平台在线提交法律支持、指导调解、普法宣传、司法确认、意见建议、沟通协调等六类诉源治理需求，与承办法官在线进行文字、语音、视频交流沟通，实现治理需求生成、受理、交办、调处、反馈、评价全流程一站式在线完成。例如，某社区民警在调解社区矛盾纠纷时遇到瓶颈，通过“人和海淀”平台提起“指导调解”工单，法官接单后通过视频或语音连线沟通事件详情并制订“线下联合调解”工作方案，承办法官与社区民警一起先后3次下沉社区，历时10小时成功化解纠纷，获得当事人和相关单位的高度认可，相关“联动联治”经验也入选北京市第七届“我为改革献一策”活动优秀政策提案。

（二）以“规范精治”凝聚类案专治新合力

海淀区人民法院制定出台《海淀法院诉源治理类网络工单办理

---

① 《基层法治建设丨创设“人和海淀”诉源治理需求响应平台助力矛盾纠纷“一站式”化解》，载澎湃网2023年10月27日，https://m.thepaper.cn/baijiahao_25093069。

规范》，组建专门团队对通过平台在线提出的各类诉源治理需求即时生成工单，全流程各节点设置专人严格落实工单当日派发、2 日内对接、一般事项 10 日内实质办结的工作要求，确保工单接办规范高效。2023 年，海淀区人民法院在全区进一步推广“人和海淀”平台和 12368 热线的知晓使用，与区司法局、各街镇司法所等加强对接联动，充分发挥平台“一号响应”辖区基层治理需求主渠道作用，截至 2023 年 9 月，在线接办诉源治理类工单 482 件，较 2022 年全年增长 441 件。创新“多部门联合响应”工作模式，针对具体的基层治理需求，组织全院各相关庭室、骨干法官，从民事、行政等多角度提示基层治理风险，确保全面回应、“一次办好”辖区治理主体的多元司法需求。其中，“人和海淀”平台就海淀区民政局、北京市规划和自然资源委员会海淀分局等提出的“违建拆除”等热点问题提供的法律咨询，获得相关单位和人大代表充分肯定。

（三）以“科学智治”畅通民众自治新路径

“人和海淀”平台运用大数据、人工智能、自然语言理解与人机交互等信息技术，为社会公众及辖区单位展示海量的优秀案例、制度规范、经验分享等信息。社会公众可以在“人和海淀”平台内嵌的“智能咨询”和“智能问答”模块下，通过人机交互，针对婚姻家庭、借贷纠纷、交通事故、就业就医等日常法律纠纷提问，平台会根据具体问答内容，向用户智能推送《法律咨询意见书》、类案裁判文书等定制化专业法律支持，提出可行性行动建议及相关法律风险，帮助用户自助解决问题、提升诉讼能力、规范预期行为。平台也通过智能咨询与智能问答等方式，实现基层“智治”水平的跨越式提升。此外，平台内嵌的“制度规范”“案例检索”等模块能提供法律法规、政策文件、典型案例等规则指引，帮助辖区的基层治理主体自助化解简单纠纷、提升专业解纷能力，促进形成稳定结果预期和社会共识。

（四）以“未病先治”激活源头防治新效能

“人和海淀”线上诉源治理需求响应平台与“一支部一社区”线下诉源治理平台深入对接、联合共建，优化与辖区相关部门的协作配合，截至2023年10月，已对接辖区各类基层治理主体打造了10个法官工作站、37个法官联系点，织密“庭、站、点”线下三级治理网络，形成覆盖全面、触角灵敏、上下联动、各方协同的治理体系。共建以来，海淀区人民法院30个党支部及时响应32个“双报到”社区治理需求，联合各街镇司法所及时研判法律风险，协助社区摸排矛盾隐患；紧盯社区增速较快纠纷类型，制定发布物业供暖等纠纷示范性裁判手册，指导社区治理类型化纠纷批量化解；成立“人和海淀”百人普法宣讲团，对接街道挂牌成立首个“普法驿站”，组织干警走进辖区各街镇社区，围绕区域纠纷特色编写并讲授“张大山卖房记”等系列专题法治故事，为群众精准提供“家门口”的法律咨询。①

三、评介

法治建设既要抓末端、治已病，更要抓前端、治未病。习近平总书记曾指出，坚持和发展新时代“枫桥经验”，把非诉讼纠纷解决机制挺在前面，推动更多法治力量向引导和疏导端用力，加强矛盾纠纷源头预防、前端化解、关口把控，完善预防性法律制度，从源

---

① 《基层法治建设丨创设“人和海淀”诉源治理需求响应平台助力矛盾纠纷“一站式”化解》，载澎湃网2023年10月27日，https://m.thepaper.cn/baijiahao_250930691。

头上减少诉讼增量。这些重要指示精神，为人民法院做好新时代纠纷解决和诉讼服务工作提供了强大思想武器和科学行动指南。而诉源治理正是从源头上化解矛盾纠纷的司法实践，诉源治理是以预防和解决纠纷为主要职能的基层司法，担负着基层治理社会化、法治化、智能化、专业化实践的引领性和建构性功能，推动以“源头预防为先，非诉机制挺前，法院裁判终局”为核心的诉源治理新实践。2021 年，中央全面深化改革委员会第十八次会议审议通过《关于加强诉源治理推动矛盾纠纷源头化解的意见》，从矛盾纠纷源头预防、前端化解、关口把控三个维度对诉源治理作出顶层设计部署。为从源头上化解纠纷矛盾，推动更多法治力量向基层延伸，海淀区人民法院打造“人和海淀”诉源治理品牌，开创汇聚联动联治合力的新格局。按照北京市委“街乡吹哨、部门报到、接诉即办”基层治理机制的要求，“人和海淀”平台对接北京市高级人民法院统建的“诉讼服务一体化应用系统”，连结 12368 热线，在全区打造覆盖全面、触角灵敏、上下联动、各方协同的治理体系，促进区域和谐稳定。“人和海淀”平台也畅通了沟通纠纷预警信息的新路径。平台通过畅通法院与党委政府、辖区企业行业、组织机构、社会公众的直接沟通渠道，实现 24 小时“一键接收”“100% 响应”，及时有效实现矛盾纠纷信息互通、源头预防、排查预警、联动调处，推动提升区域防控化解重大矛盾风险的能力水平。“人和海淀”平台也找准了智能解纷服务的新抓手。平台通过立足海淀区得天独厚的技术优势，集成大数据、人工智能、区块链等多种信息技术手段，提供兼具需求响应、智能咨询、在线调解等多角度多层级的便捷服务，着力搭建起覆盖全域、分层递进的一站式纠纷化解网络，为区域诉源治理注入信息化的强劲动能，实现诉源治理“智治”水平的跨越式提升。

第三节　上海市徐汇区：运用法律科技创新公共法律服务新模式

一、基本情况

徐汇区地处上海市中心，区内下辖 13 个街镇，306 个社区居委会，共有住宅小区 1223 个。为适应经济社会发展所带来的城市社区居民对社区治理需求的变化，徐汇区不断推进社会治理创新工程，逐步建构了一条超大城市社区治理法治化的有效路径。徐汇区将公共法律服务体系建设与社会治理相结合，制定了《关于推进徐汇区公共法律服务体系建设的实施意见》和《关于推进徐汇区社区法律顾问工作的实施意见》，大力推行社区法律顾问制度，支持社区法律顾问参与社区治理法治化的实践探索。在具体实践中，徐汇区公共法律服务中心坚持“便民、数智、集约”三大理念，以法律科技为底座，以集约的方式进行数字系统的整合，发挥互联网“乘数效应”。徐汇区尝试运用法律科技服务城市社区治理，在一些社区开始试点公共法律服务机器人，通过人工智能技术为社区民众提供精准高效的法律服务。2024 年 1 月，《关于推动上海法律科技应用和发展的工作方案》正式印发，内容包含 4 个部分 21 项举措，其中一个部分就是“深化法律科技应用”，专门提出“加强智能化公共法律服务供给”等方面的要求，该方案对运用法律科技创新开展公共法律服务提供了进一步的政策支持与制度保障。

二、主要举措

（一）以“党建+法治”双向嵌入，实现社区党建工作与法治工作的深度融合

徐汇区坚持党建引领，探索新形势下党建引领基层治理的新机制，紧紧抓住“党建+法治”这条主线，聚焦社会治理基础单元，建立了党建指导员和联络员制度，通过党建工作与法治工作双向嵌入、协同推进，实现党建与法治的深度融合。党建指导员由社区居委会成员担任，党建联络员主要由社区党员担任，在实践中，二者密切联系，分工协作，共同发挥着宣传、指导、服务的作用。以垃圾分类法规为例，2019 年 7 月 1 日，《上海市生活垃圾管理条例》正式施行。为了确保这一法规的顺利执行，党建指导员和联络员利用微信群、QQ 群等信息平台对该条例进行介绍，之后通过上门访谈、座谈会的方式与社区两委成员、社区党员、业委会成员等协商制定贯彻落实垃圾分类管理政策的执行方案，同时印发宣传手册和操作指南。党建指导员和联络员还作为志愿者解读垃圾分类管理的必要性，指导社区居民具体实施垃圾分类，促进社区居民对政策的认可和支持。

（二）以“双结对”引入社区法律顾问，借助多元力量参与基层治理法治化实践

徐汇区加强和创新社会治理，引入多元主体参与基层治理，通过借助多元力量促进社区治理法治化，以充分发挥各类主体的积极性、主动性和创造性。其中，引入社区法律顾问参与基层治理成为

一项有益尝试。[1] 2010 年，徐汇区街镇司法所和律师事务所、律师和社区居委会相互结对（以下简称“双结对”），通过“双结对”工作，在社区引入社区法律顾问，推进社区治理的制度化和规范化建设。截至 2021 年 8 月，徐汇区 13 个街镇下辖的 306 个社区居委会已与 52 个律师事务所进行结对，社区法律顾问有 288 名，他们通过线上和线下形式定期为社区提供法律服务，促进法律资源流入基层治理场域。一是深入开展法治宣传，提升公民法律意识。社区法律顾问利用重要节点到社区开展工作，针对婚姻家庭等与群众生产生活密切相关的法律法规，采取法治讲座、提供法律咨询等方式进行法治宣传教育培训。二是为社区干部提供法律意见，发挥法治参谋的作用。社区法律顾问针对社区干部在城市基层社会治理、社区自治、心理健康等方面的问题提供专业法律意见，助推社区治理有序运作。三是参与矛盾纠纷化解。为社区矛盾纠纷提供法律意见，通过宣传讲解，释法明理，让矛盾纠纷得到有效化解。四是及时提供法律援助，促进社会公平正义。社区法律顾问积极为社区老弱病残等特殊群体提供有效法律服务，切实维护他们的合法权益。五是搭建线上平台，提供多方法律支持。社区法律顾问借助“12348 公共法律服务热线平台”，解答群众的法律咨询，配合调处民间纠纷，维护社会稳定。

（三）设立“1 + 13 + X”多层级社区“邻里汇”，探索嵌入式公共法律服务实践

徐汇区持续打造社区服务民生品牌——“邻里汇”，作为共享型

---

① 戴康：《新时代社会治理法治化的实践创新与优化路径——基于上海徐汇区公共法律服务的调查》，载《四川行政学院学报》2020 年第 3 期。

城市公共空间，“邻里汇”为社区居民提供社区食堂、社区卫生服务站点、社区文体活动空间等公共服务设施。截至 2019 年 4 月，徐汇区共有 16 家“邻里汇”，分布于下辖的 13 个街镇。徐汇区正在打造“1 + 13 + X”多层级社区邻里汇。为了推进社区治理法治化，徐汇区在“邻里汇”探索嵌入式公共法律服务实践，引导社区法律顾问在“邻里汇”开展法律服务，使之成为社区治理法治化的创新模式。这一模式源于漕河泾街道，2018 年 7 月，徐汇区司法局发表了《关于公共法律服务进驻“邻里汇”学习推广漕河泾模式的通知》，要求公共法律服务嵌入“邻里汇”，社区法律顾问在“邻里汇”所设的专门空间开展普法宣传等法律服务。其法律服务模式包括：（1）菜单式服务，“邻里汇”专门制定公共法律服务产品目录，具体规定法律服务的内容；（2）预约式服务，社区居民就自己关切的法律问题，通过热线电话、信息平台等方式进行服务预约，寻求社区法律顾问的法律意见；（3）查阅式服务，“邻里汇”设置法治图书角，主要放置《宪法》、《民法典》、党内法规等相关法律法规书籍、报刊，方便社区居民查阅；（4）参与式服务，“邻里汇”开设品法吧，主要用来播放法治宣传短片，同时也是社区居民开展法治活动的空间，通过法治剪纸、法治绘画、法治书法比赛等活动向社区居民进行普法宣传，提高社区居民对法律法规的认知和理解。

（四）运用“人工智能 + 公共法律服务”，加强智能化公共法律服务供给

徐汇区探索运用法律科技服务城市社区治理，在一些社区开始试点公共法律服务机器人，通过人工智能技术为社区民众提供精准高效的法律服务。在徐汇区，若干社区引入公共法律服务机器人这

一智能化的“社区法律顾问”，借助人工智能在机器学习和自然语言处理方面的优势，能够构建公共法律服务数据分析模型，提升服务资源配置效率，也能通过大数据分析法律咨询服务需求，更加精准高效地进行公共法律服务。公共法律服务机器人基于云端中的大量法律数据，能够及时有效回应社区居民需求，进行智能咨询、法律宣讲、法律文书储存、法律援助指引、人员机构查询等。公共法律服务机器人还预设了人民调解指导功能，在劳资纠纷、婚姻家庭、财产继承等领域，能够为社区居民提供精确的法律意见，指导民众通过法律途径来解决问题。

三、评介

随着大数据、云计算、物联网、区块链和人工智能的快速发展，科技创新为城市优化内部结构提供了强大的技术支撑，也成为城市社区治理的有力支持。2017 年 6 月，中共中央、国务院印发的《关于加强和完善城乡社区治理的意见》提出实施“互联网 + 社区”行动计划的要求。2021 年 4 月，中共中央、国务院印发的《关于加强基层治理体系和治理能力现代化建设的意见》中，进一步提出“加强基层智慧治理能力建设”，明确提出“统筹推进智慧城市、智慧社区基础设施、系统平台和应用终端建设，强化系统集成、数据融合和网络安全保障”“实施‘互联网 + 基层治理’行动”的要求。2021 年 12 月，国务院办公厅印发的《“十四五”城乡社区服务体系建设规划》中明确提出“推进数字社区服务圈”建设和“构建服务便捷、管理精细、设施智能、环境宜居、私密安全的智慧社区”。由此可见，社区信息化发展及其数字社区和智慧社区建设成为社区治理的重要要求。徐汇区在社区治理法治化实践中，创设了“人工智能＋公共服务”的新模式，运用法律科技创新开展公共法律服务，推进了人工智能与法律服务的深度融合。徐汇区在社区引入公共法律服务机器人这一智能化的“社区法律顾问”，借助人工智能在机器学习和自然语言处理方面的优势，既能为民众提供及时、便捷、高效的法律服务，也提供了法律文化宣传的新渠道与新平台，从而为社区治理法治化的发展作出有益探索。

第四节 深圳市福田区："法治赋能"打造先行示范社区

一、基本情况

深圳市是多重国家战略的交会地、前沿科技布局的重要阵地，同时承担着建设中国特色社会主义法治先行示范城市的重要使命。福田区是深圳市的行政、文化、金融、商务和国际交往中心，截至2022年8月，福田区下辖10个街道、92个社区，辖区常住人口约156万人。为打造更高水平的平安中国、法治中国示范区，2022年，福田区全面启动全域治理各项工作，率先走出一条符合超大型城市中心城区特点和规律的治理新路子，先后起草出台了《法治福田建设规划（2022—2025年）》、《福田区法治社会建设实施方案（2022—2025年）》、《福田区法治政府建设纲要实施方案（2022—2025年）》、《福田区"法治城市"工作方案》、福田区"八五"普法规划等，在做好法治建设统筹谋划的同时，健全科学法治制度决策体系，着力提升政府依法行政水平。

二、主要举措

（一）制度建设"有力度"，完善社区治理制度机制

福田区注重社区治理制度建设，深化"全域治理"改革。一是

突破体制樊篱，梳理重构街社职责体系。福田区将社区治理事务分为“行政性事务”和“社会性事务”。行政性事务“向上走”，构建“街社一体化”管理体系。福田区成立街道直属六级事业单位社会治理综合事务中心（街道指挥分拨中心），将社区网格员队伍等相关人员收归中心统一管理调度，充分发挥中心统筹协调、“动力主轴”功能和街道部门专业化处置优势，集中资源、集约力量开展扁平化管理和高效处置，形成两级资源力量融合的“街社一体化”管理体系。社会性事务“向下沉”，社区党委回归主责主业。该区将社区原来承担的安全生产、城管执法等21项行政性事务全部收归街道，由街道的综合事务中心统一承接管理，分散在各个社区的82名网格员，由街道直接指挥和考核，充分发挥中心“智能中枢”和“人力资源池”功能。二是聚焦机制创新，实践科学统筹基层资源。福田区委组织部制定《福田区关于全面加强新时期社区党委建设的实施意见（试行）》，配套梳理5个工作指引，清单式列出社区党委70项“必做功课”；实施“一室两会三组”社区治理模式。即设立社区书记工作室，建立社区党建联席会议和社区治理联席会议机制，成立社区党建组、共建共治组和民生服务组；实施社区党委、网格工作准入机制；制定实施《“市民呼叫、街社响应”工作管理办法》，梳理响应清单，明确操作细则，并相应建立《民生诉求事件处置综合评价考核细则》，配套搭建《民生诉求事件处置满意度回访评价体系》，全面增强民生问题解决的区域统筹力、条块协同性、上下联动度。①

① 《福田区：以改革为抓手推进社区治理现代化》，载《中国城市报》2021年2月22日，第22版。

（二）普法宣讲“有深度”，聚力打造社区法治阵地

福田区强化社区法治阵地建设，创新普法宣讲形式。一是社区建成未成年人保护服务中心和青少年法治教育实践基地。2021 年，全国首个党委引领的未成年人保护服务中心，以及福田区首个专业运营的青少年法治教育实践基地在福民社区落成。福田区未成年人保护服务中心接受未保个案线索 86 个，开展个案服务 437 次，出具法律分析报告 6 份。办理了《未成年人保护法》实施后深圳首例启用委托照护制度的个案，“馨童计划”获评第十一届中国公益节 2021 年度公益项目奖，“暖阳护童”计划全国首创对未成年人司法救助金检察机关发放、公证机关管理和未保机构监督的三方监管新模式。编制全国首份《特需未成年人保护服务指南》地方标准。青少年法治教育实践基地设有模拟法庭、宪法宣誓体验区、法治智慧教室、法治直播间等。社区联合基地以及多家学校，为福田区青少年及街道辖区跨境学童提供体验式、沉浸式的爱国教育和法治实践服务。二是社区着力培养“法治带头人”和“法律明白人”。社区加强打造普法宣传者和平安志愿者队伍，积极参与治安巡防，解决矛盾纠纷，宣传防疫政策，弘扬文明风尚，让法治成为居民信仰。

（三）法律服务“有高度”，加强法律服务资源供给

一是打造公共法律服务集群。福田区立足民众的多元法律需求，以福田区公共法律服务中心为依托，相继建成深圳新一代产业园、车公庙香蜜湖、数据要素全生态产业园、生态环境公共法律服务中心，推进打造“1 + 4 + N”现代化特色公共法律服务集群。二是推动律师行业高质量发展。探索区级专业服务平台，打造律师行业党

建共享空间。加强涉外法律服务人才队伍培养，首次将港澳籍律师纳入“英才荟”奖励政策范围；制定全国首个区级律师行业发展行动纲领，擘画律师行业发展蓝图；制定《福田区律师事务所合规建设指引》。三是完善现代公共法律服务体系。在“i 福田”小程序上线法律援助服务，实现法援服务零距离。梳理基本公共服务清单，推进普法宣传、法律援助、人民调解、社区法律顾问服务标准化。

（四）法律援助“有温度”，践行法律援助公益初心

2017 年，福田区启动法律援助“馨援计划”。法律援助“馨援计划”，是福田区司法局法援处为了从根本上拓展政府法律援助公共服务的广度和深度，提升服务质量，实现“应援尽援、应援优援”的目标，策划推出的法律援助工作整体创新改革项目。[①] 2022 年至 2023 年，福田区法援处共指派法援律师值班 2825 人次，办理法律援助案件 2600 件，法律帮助案件约 2000 件，惠及受援人约 5000 人，为受援人挽回经济损失约 4741.6 万元，接收群众来电、来访和咨询约 2.5 万件。[②]

福田区司法局为落实深圳市司法局出台的《关于推动法律援助进社区进园区工作的意见》，全面提升法律援助服务效能，以纵深开展“法援进社区进园区”工作为起点，奋力推进全区法律援助工作高质量发展。2023 年 3 月 3 日，福田区首个“社区法律援助工作点”在梅林街道梅河社区正式挂牌成立，这也标志着福田区法律援

---

① 《法律援助“馨援计划”，致力法律援助服务工作整体创新改革》，载深圳市司法局网 2018 年 6 月 28 日，http：//sf. sz. gov. cn/ztzl/mssszt/flyz/msskzqk/content/post_ 2954359. html。

② 曾子航：《志愿律师 +300！深圳福田法援注入新力量》，载南方网 2024 年 1 月 10 日，https：//static. nfapp. southcn. com/content/202401/09/c8487185. html。

助进社区有了更为完善的阵地支撑。福田区司法局不断健全完善区、街道、社区三级法律援助网络，强化“半小时法律援助服务圈”，扩大法律援助覆盖面的广度和维度。一是根据各街道、社区实际需求，灵活设置法律援助工作站点。二是深化街道、社区法律援助标准化建设。街道司法所组织各社区法律援助联络员进行法律援助业务培训，由法律援助律师讲解法律援助的受案范围、申请条件及办理流程等。三是有效整合辖区法律服务资源。组建了一支以法律援助律师为主导，以街道、社区法律服务资源为补充的社区法律援助联络员队伍。四是打造法援协助新机制。街道法援工作站在街道司法所的协调下，推进“人民调解＋法律援助”的结合，倾力打造了“前期调解处置、必要时及时引入法援律师参与”的法援协作新机制，法援律师通过在纠纷调处期间提供法律咨询、引导受援人收集诉讼、仲裁证据的方式，将群众最实际的问题解决在最前端。

三、评介

2019 年 8 月，中共中央、国务院在《关于支持深圳建设中国特色社会主义先行示范区的意见》中将“法治城市示范”作为先行示范区的定位之一。福田区通过全域治理，将全力破解超大型城市中心城区治理中存在的空间分割、条块分割、部门分割、层级分割、“政—企—社”分割、线上线下分割等顽症难题，牢固树立全周期管理意识，持续推动城区治理手段、治理模式、治理理念创新，逐步实现全方位、全过程、全链条、全要素闭环管理，系统提升城市治理科学化精细化智能化水平。福田区将“法治城市建设”作为全域治理的专项行动，积极打造全国法治政府建设标杆城区。通过不断探索，福田区锚定“首善治理”目标，深化“全域治理”改革，强化党建引领、法治先行以及多元共治，秉承制度建设“有力度”、普法宣讲“有深度”、法律服务“有高度”、法律援助“有温度”的法治工作原则，积极探索基层治理体制创新。

第五节　成都市武侯区：信托制物业嵌入社区治理

一、基本情况

武侯区位于成都中心城区，是成都老五区之一，截至2022年年末，武侯区常住人口121.98万人，城镇化率100%，辖11个街道。武侯区人口数量大、居住分散、老旧院落较多，面临很多基层治理难题。2017年，成都市设立市、县两级城乡社区发展治理委员会，旨在解决条块分割、资源分散、“九龙治水”等城乡社区治理长期存在的问题。而居民小区院落物业矛盾纠纷增多，成为基层治理的难点。2018年10月，武侯区委社区发展治理委员会启动信托制物业模式研究，2019年5月立项试点。信托制物业是将信托理念植入物业管理领域，制度化重构信义新关系。信托制物业让物业企业回归“忠诚管家”角色，让全体业主做回“小区主人”，这使原来居民与物业企业的双方买卖关系，转变为业主大会为委托人、物业企业为受托人、全体业主为受益人的三方信义关系。这种信义关系，让受托方始终坚守利他原则，保障受益人的利益最大化。[①] 武侯区从小区物业矛盾纠纷实际出发，聚焦消除小区各利益主体“信任赤字”、重

---

① 《武侯：党建引领信托制物业——全过程人民民主的基层治理实践》，载中共成都市委城乡社区发展治理委员会网2022年5月7日，https：//cdswszw. gov. cn/gzdt/Detail. aspx？ id = 26828。

构小区和谐关系，选取矛盾纠纷较深的部分小区开展探索实践，积极推动物业管理融入社区治理，实现矛盾纠纷源头化解，以高质量物业服务推进美好家园建设以及基层治理体系建设，取得了一系列的成果。截至2023年年底，全市采用“信托制”物业服务的小区达300余个。

二、主要举措

（一）党建引领信托制物业，激发居民自治潜力

武侯区将信托制物业引入社区治理，创新党委领导下的基层治理模式。如武侯区祠东街4号院构建了以社区党委为核心，以“小区党支部+自治小组+物业公司+自治组织”为基点的“四位一体”治理模式。具体来说，社区党委深入开展“找党员、亮身份、建组织、做工作”等工作，指导成立小区党支部，由小区党支部发动，选举成立居民自治小组。社区、小区党组织牵头，搭建党组织、业主委员会、民情议事会、居民代表、物业企业等治理主体有效参与的议事平台，形成意见归集、磋商管理模式，共同协商决定开展信托制物业工作。同时，社区、小区党组织牵头研判小区院落导入信托制物业服务模式的可行性，组建导入推进小组，及时协调解决导入过程中存在的困难问题；在小区居民自治基础上，党组织全程介入选聘物业、拟制合同、商讨物业管理和收费标准、确定公开形式和监督方法等关键环节，确保信托治理模式的具体落实。

（二）创建治理集成体系，形成社区治理共同体

信托制物业服务模式创建形成了小区信义体系构建、信托制物业运行和小区善治模式的集成体系，形成了职责明晰的治理共同体。

社区“两委”（社区党支部委员会和社区居民委员会）是监察人，从物业服务管理的“局外人”变为监督物业企业的“当事人”；社会组织是协调者，作为第三方陪伴信托制物业落地，助力社区营造建设；物业公司是执行者，物业管理人被重新定义为基于信义的永恒管家；全体业主是委托者，也是监管人，受益权、监督权与诉权回归居民，居民成为物业共同投资的主人。

（三）创新收入分配机制，重构三方信义关系

信托制物业服务模式正是通过建立公开透明、开放参与、信义为本的制度机制，重构小区“业主—业委会—物业公司”三方信义关系，使业主权益和小区公共利益最大化，实现小区层面的“还权、赋能、归位、固本”，为小区治理实践奠定了基础。一是重构财产权属关系，设立共有基金。信托制物业服务模式下，将物业费、停车费、广告费等小区收入归入全体业主的共有基金，物业公司按照约定比例提取酬金，剩余部分全部用于小区服务，从而改变了过去物业费属于物业公司营收、公共收益不明不白的传统模式。二是推行开放预算。每年年初，物业公司和业委会牵头，邀请业主广泛参与，按照质价相符和量入为出的原则，协商确定物业标准，编制收支预算，充分保障了每一位业主享有物业服务标准的自主选择权。

（四）研发信托物业信息平台，保障居民合法权益

为了保证共有基金的运用更加透明，保障业主财务知情权，信托制物业服务契约中设置了“双密码”，对每位业主都开放了账号并进行了授权，还研发了信托物业信息平台。通过这一平台，每位业主能在第一时间看到自己的收支情况，也能随时查看每笔收支账目、

财务凭证。对业主提出的财务收支质疑，物业企业负有自我举证义务，不能自证清白的将承担相应责任，从而极大地降低了居民监督成本，减少了物业公司和业委会之间的“暗箱操作”，也有效地解决了传统物业模式中的不公开、不透明、不信任等问题。

（五）创立监察人制度，实现多元协同共治

信托制物业模式创立了监察人制度，信托物业合同中明确了监察人，由社区党组织、小区党组织、社区居委会、居民自治小组以及聘请的律师、会计师等担任，合同中明确监察人享有业主同等监督权，既可监督物业公司履职，也能监督业委会行使权力，从而打通了党组织、社会组织、居民自治组织等多元治理主体参与小区治理的制度化渠道。①

三、评介

老旧小区是城市组成的基本单元，也是城市的“神经末梢”，老百姓居住环境的好坏、老旧小区管理水平的高低，直接体现城市发展文明程度和繁荣程度，“信托制”物业服务模式为化解物业矛盾纠纷提供了一种新的解决路径。信托制物业嵌入社区治理要坚持党建引领，社区党组织通过把握方向、制定规则、加强组织、搭建平台等途径，形成党组织引领下的多元社会力量共同参与小区共建共治的治理格局。通过建立监察人制度，赋予社区党组织、居民委员会、业主委员会、社区律师和业主同等的监督权，使其不仅可以对物业公司的服务进行监督，还可以对业主委员会的行权进行监督。业主

① 孙珉玥：《信托制物业嵌入社区治理的法治路径探索——以成都市武侯区社区治理为例》，湖北师范大学2023年硕士学位论文，第21～23页。

（居民）也能通过充分地参与社区治理，感受到协同治理的效果，从而打通党组织、社会主体多元参与小区治理的制度化通道。信托制物业服务模式消除了信息不对称造成的信任缺失，形成了持续有效的治理新动力，通过建立公开透明、开放参与、信义为本的制度机制，重构小区“业主—业委会—物业公司”三方信义关系，使业主权益和小区公共利益最大化，实现小区层面的“还权、赋能、归位、固本”，业主（居民）成为利他共益的小区共同体成员，形成“人人有责、人人尽责、人人共享”的和谐小区氛围。

08 第八章

城市社区治理法治化的发展“瓶颈”

随着城市的快速发展，人民生活水平不断提高，城市社区治理面临的矛盾问题日益增多，城市社区治理法治化也进入理论创新与实践创新的发展“瓶颈”期。不少基层政府探索出推进城市社区治理法治化的创新路径，但仍有亟待突破的重点难点。在立法层面，缺乏完备的城市社区治理规范体系，体现在城市社区治理专项立法缺位，相关法律法规不完善，现行法律没有明确规定城市社区治理多元主体间的法律关系，社区自治规范与国家法律还未形成有效衔接；在制度层面，城市社区行政化倾向制约治理成效，体现在城市社区治理主体职能定位不清晰，城市社区治理的组织运作机制不畅，基层政权机关以管理的思维惯性指导城市社区治理；在人才层面，城市社区法治人才队伍有待充足，体现在城市社区法治人才欠缺，城市社区法治人才激励机制不够健全；在保障层面，社区法治资源难以满足治理需求，体现在城市社区治理法治资源下沉不足，城市社区治理法治技术支撑不足，城市社区治理法治监督机制不够健全；在文化层面，城市社区治理法治文化有待提升，体现在部分基层领导干部法治观念较为薄弱，多元治理主体对城市社区法治化治理认同感不高。

第一节　立法层面：缺乏完备的城市社区治理规范体系

一、城市社区治理专项立法缺位，相关法律法规不完善

我国现有的社区治理法律体系是以《宪法》为原则性规定，以《城市居民委员会组织法》《社区矫正法》《物业管理条例》等为基础性规定，由中央到地方各类规范性文件从上至下构成的层次清晰的法律框架。《宪法》在第111条中对城市居民委员会的性质、选举等内容作了原则性规定。2018年12月修正的《城市居民委员会组织法》，是对1989年通过的《城市居民委员会组织法》进行的修改，立法目的是加强城市居民委员会的建设，使城市居民群众能依法办理群众自己的事情。2019年12月通过的《社区矫正法》是对社区矫正这种社会化刑罚执行形态的规制。立法目的是推进和规范社区矫正工作，保障刑事判决、刑事裁定和暂予监外执行决定的正确执行，提高教育矫正质量，促进社区矫正对象顺利融入社会，预防和减少犯罪。2018年3月修订的《物业管理条例》主要调整物业服务企业与业主之间的法律关系，其立法目的是规范物业管理活动，维护业主和物业服务企业的合法权益。这些法律法规主要针对城市社区治理的个别治理主体、个别治理对象，规定较为原则与笼统，不能全面地规范城市社区治理的法律关系。

而一些部门规章、地方性法规、党内法规、行政规范性文件中

虽然有关于城市社区治理的针对性要求，如2017年6月发布的《中共中央、国务院关于加强和完善城乡社区治理的意见》，2015年7月中共中央办公厅、国务院办公厅印发的《关于加强城乡社区协商的意见》，2015年7月民政部、中央组织部印发的《关于进一步开展社区减负工作的通知》等，但这些规范性文件也存在立法层级不高，约束力不强，科学性、体系性、完备性欠缺，部分立法内容滞后或相互冲突，部分新生事物无法可依，有些做法面临合法性困境等问题。①

梳理现行法律法规后发现，城市社区治理的高阶立法处于缺失状态。目前只有17个部门规章是以社区治理为主题的，并且这些部门规章基本上是对设立社区治理试验区的批复，或者征集治理经验的通知，没有形成社区治理的基本原则、目标以及实质性指导的规定，以致现有的一些部门规章在城市社区治理实践中难以发挥实际作用。② 同时，一些新的城市社区治理平台，如新时代文明实践中心等，也需要通过立法明晰其法律地位、具体设置和职责范围，以便于平台在基层自治中更好发挥作用。

二、现行法律没有明确规定城市社区治理多元主体间的法律关系

根据《宪法》第111条的规定，“城市和农村按居民居住地区设立的居民委员会或者村民委员会是基层群众性自治组织”。“居民委员会、村民委员会同基层政权的相互关系由法律规定。”2018年修

---

① 夏芸芸：《城市社区治理法治体系建构研究》，载《学习与实践》2018年第12期。

② 魏健馨、赵森：《社区治理法治化的推进路径》，载《沈阳工业大学学报（社会科学版）》2020年第3期。

订的《城市居民委员会组织法》第2条规定，“居民委员会是居民自我管理、自我教育、自我服务的基层群众性自治组织”。“不设区的市、市辖区的人民政府或者它的派出机关对居民委员会的工作给予指导、支持和帮助。居民委员会协助不设区的市、市辖区的人民政府或者它的派出机关开展工作。”第19条规定，“机关、团体、部队、企业事业组织，不参加所在地的居民委员会，但是应当支持所在地的居民委员会的工作”。相关法条明确了居民委员会基层群众性自治组织的法律地位，居民委员会与基层政权之间的指导、支持、帮助的法律关系，辖区内机关、团体、部队、企业事业组织与居民委员会之间的支持关系，但没有明确规定居民委员会与其他社会组织等治理主体之间的法律关系。

居民委员会的法律资格规定也分散在多部法律之中，且缺乏统一的认定标准。如《最高人民法院关于适用〈中华人民共和国行政诉讼法〉的解释》第24条规定，当事人对居民委员会依据法律、法规、规章的授权履行行政管理职责的行为不服提起诉讼的，以居民委员会为被告。这可以推断出，居民委员会在法律、法规、规章的授权下作出履行行政管理职责的行为，体现了行政机关的意志，其行为具有公法意义上的本质属性，是可以诉诸法律、接受司法监督和审查的行政行为，具有可诉性，因此具备行政诉讼的被告资格。而《民法典》第101条规定，居民委员会具有基层群众性自治组织法人资格，可以从事为履行职能所需要的民事活动，这表明居民委员会可以从事履行职能所需的民事活动，具有民事主体的资格。因此，居民委员会依法向社会组织购买服务的过程中产生了纠纷，该社会组织在寻求司法救济时会存在提起行政诉讼还是民事诉讼的争议。这也是由于现有的法律规定中并未明确规定双方之间的法律关系，从而导致权利救济模式发生争议。

三、社区自治规范与国家法律还未形成有效衔接

由于社区自治规范本身的局限性，在治理实践中，社区自治规范难以同国家法律形成有效衔接。一是由于城市社区自治规范法律位阶较低，有些自治规范与法律规定相冲突、触犯法律保留事项等，影响社区自治规范本身的效力。二是由于城市社区自治规范没有形成规范体系、保障机制不足，制定主体的法治水平有限等，使自治规范在治理实践中的可操作性不强。城市社区自治规范等软法不同于硬法的严格依据法定程序制定的形式，其产生形式比较多样化与弹性化，如约定俗成、民主协商、居民公约等，大多是对社区治理中所产生的新问题的快速回应以及在治理实践中所达成的共识；其主要通过宣扬理念、确立原则等对社区民众的行为予以指导，以达成社区治理的公共目标，并不会明确要求具体的行为模式。三是多元治理主体在制定自治规范时没有统筹考虑社区整体利益，影响社区居民对自治规范的认可。城市社区自治规范的制定主体涉及城市社区多元治理主体，各主体在制定自治规范时大多从自身角度出发，缺乏对社区整体利益的考量，导致社区自治规范在具体实施中难以协调统一，也影响了自治规范作用的发挥。四是法律与社区自治规范内容衔接不畅。如针对某一类社区治理问题，法律规定由社区协商处理，而社区自治规约又规定该类问题依照法律解决，这就导致有些社区治理问题难以找到规范依据。

第二节　制度层面：城市社区行政化倾向制约治理成效

一、城市社区治理主体职能定位不清晰

《宪法》第111条规定了居民委员会作为基层群众性自治组织的性质，这也确定了社区治理的根本目标就是要确保社区居民权利的实现。《城市居民委员会组织法》第2条规定了基层政权机关与居民委员会之间的指导、支持和帮助关系，但并没有明晰地规定基层政府与社区居委员在城市社区治理中的职能定位；同时在第17条又规定，"居民委员会的工作经费和来源，居民委员会成员的生活补贴费的范围、标准和来源，由不设区的市、市辖区的人民政府或者上级人民政府规定并拨付；经居民会议同意，可以从居民委员会的经济收入中给予适当补助。居民委员会的办公用房，由当地人民政府统筹解决"。这条规定成为行政目标嵌入社区自治制度的契机，居民委员会的工作经费、来源、成员的生活补贴费由行政机关拨付，连拨付规定都由行政机关决定，基层政权机关与居民委员会之间是指导、支持和帮助的关系。虽然《宪法》《城市居民委员会组织法》都将居民委员会定位为基层群众自治组织，但在配套的法律制度中却缺乏该自治组织实现其法治价值目标的规定，导致其职能定位不清晰和权责模糊。

二、城市社区治理的组织运作机制不畅

《宪法》第111条第2款规定，“居民委员会、村民委员会设人民调解、治安保卫、公共卫生等委员会，办理本居住地区的公共事务和公益事业，调解民间纠纷，协助维护社会治安，并且向人民政府反映群众的意见、要求和提出建议”。该条文反映了基层政权机关在社会治安领域与居民委员会之间的协助关系，社区居民委员会有向人民政府反映群众的意见、要求和提出建议的职能，这才是社区居民委员会和政府机关产生联系的动因。然而在城市社区治理实践中，基层政府承接上级而来的大量行政事务顺势向下沉降到社区，很多社区成为行政体制的附属和街道办事处的再派出机构。社区承接基层政府大量行政事务，既要应对各类需要上报的台账、报表、检查、评比以及部门各类调查统计，还要承接基层政府各职能部门下派的其他行政任务，社区居民委员会成为政府行政管理的代言人，“行政化”色彩日趋浓厚。① 这也导致大多数社区居民委员会存在行政事务多、服务功能弱化的问题，影响了其自治功能发挥。

三、基层政权机关以管理的思维惯性指导城市社区治理

法治的价值目标是限制公权力和保障私权利，强调公民个体的独立与平等，而行政权的价值目标是维持社会秩序的稳定。《城市居民委员会组织法》规定基层政权机关对居民委员会进行指导、支持与帮助，即发挥基层政权机关的管理优势，指导、支持与帮助居民委员会实行社区自治，保障居民权利的实现。然而行政机关在具体

---

① 袁方成：《国家治理与社会成长：城市社区治理的中国情景》，载《南京社会科学》2019年第8期。

履行这项行政义务的时候，从行政管理意识到社区治理意识的转变并不到位，往往是以行使权力的意识进行领导。在城市社区治理中，行政机关通过对城市社区全额与专项财政拨款，鼓励支持与引导培育社区自治组织与其他社会组织的成立与发展。这些社区自治组织与社会组织大多力量薄弱，财政与人事上不能完全独立，对政府有较大依附性。同时行政机关基于对社区自治组织能力的质疑以及担心社区自治组织滥用自治权，会对社区自治组织的权责予以约束，从而使社区自治组织基于《宪法》所赋予的自治权在实际治理中成为政府的“赋权”，从而不能真正发挥城市社区自治组织在城市社区治理中的自治作用，影响社区居民自治能力的提升。

第三节　人才层面：城市社区法治人才队伍有待充足

一、城市社区法治人才欠缺

城市社区治理法治人才队伍是社区重要的法治资源。城市社区治理在公共法律服务、调解、民主选举、纠纷解决、技术创新、居民权利保护、法治文化宣传等诸多领域都需要基层法治人才的支持与助力，城市社区治理各项工作要在法治的轨道上运行需要专业法治人才落实法律，引导多元社区治理主体依法办事，推进社区治理事项按照法定程序开展。通过相关调研发现，参与社区治理工作的人员整体上缺乏专业性和丰富的法治经验。目前，城市社区治理法治人才队伍主要包括社区工作人员、司法所工作人员、律师、法官、检察官、法律志愿者等。其中，律师、法官、检察官都是不定期到社区进行公共法律服务；司法所工作人员主要负责社区矫正、指导管理基层法律服务、组织开展法治宣传教育等工作，但专职工作人员配备不足；社区工作人员中法学专业人才较少、流动性大，在具体的法治实践中存在对居民的自治权限和自治规范的制定程序等缺乏准确的法律认知，运用法律调节居民纠纷的能力有限，执法方式不规范等问题；很多时候是由临聘人员或者法律志愿者参与城市社区法治化治理的相关工作，其同样存在流动性大、专业知识欠缺等问题。

二、城市社区法治人才激励机制不够健全

城市社区法治人才队伍短缺，一是因为社区对专业法治人才的吸引力不够。很多专业社会工作者、专业法律人才基于工作平台、财政保障、职业前景与理想规划等多方面原因，只是把社区工作当作一段经历，不愿扎根在社区。二是因为基层政府没有建立完善的城市社区法治人才培养、遴选与引进机制。基层政府在对社区法治人才政策倾斜、营造良好的工作环境与氛围、提供良好的职业发展前景等方面的制度机制较为欠缺，没有形成较为完善的城市社区法治人才培养、遴选与引进机制，从而影响了城市社区法治人才队伍的发展。

第四节 保障层面：社区法治资源难以满足治理需求

一、城市社区治理法治资源下沉不足

城市社区治理的法治资源欠缺是一个结构性的问题，基本的经费保障、居民法治需求的满足、基础公共法律服务、环境问题的治理、居民矛盾的协调、突发公共事件的应对等方面都存在法治资源不足的问题。具体来说，在城市社区法治建设经费投入方面，虽然各地都在不断加大对城市社区法治建设经费的投入，但仍不能满足城市社区法治建设的现实需求，城市社区法治建设资金不足几乎成为普遍的问题。目前，基于城市社区治理法治化体制机制的要求，政府对城市社区的专项经费投入成为城市社区法治建设的主要资金来源，由于城市社区法治建设公益性投入机制并未健全，大量社会资金没能有效引入社区法治建设；在城市社区公共法律服务方面，大多是政府以购买服务的形式来实现重点项目的法律服务，受制于政府公共财政支出以及政府法治资源的下沉力度，有的社区并没有配置专业法律顾问，有的社区法律顾问要同时服务多个社区；在城市社区法治基础设施建设方面，很多社区缺乏开展大规模法律知识宣讲的场所，社区中的法治宣传标语、法治宣传视频也较为缺乏。

二、城市社区治理法治技术支撑不足

随着我国数字经济的飞速发展，数据已经成为一种关键性的生产要素，其在以5G、人工智能、工业互联网、物联网、区块链等为代表的新型基础设施中的核心地位已充分显现。但在城市社区向未来数字社区乃至智慧化社区发展的过程中，有些社区对新兴科技投入不够，如何使用新兴科技的宣传普及不到位，会使一部分社区人群尤其是老幼人群被新兴技术抛弃，如何使技术以共享、普惠的方式来满足全体社区居民的法治需求就成为需要破解的难题。同时，城市社区作为数据资源地，盘活数据资源，充分释放数据要素价值，成为城市社区法治化治理的重要技术支撑，如何进一步扩大城市社区数字资源的供给与流通成为当前城市社区法治化治理中亟须解决的现实问题。[①] 当前，大多数城市社区并未构建起基层法律服务数据池，也缺乏社区数据资源的市场化动作机制，从而影响了精准提升城市社区的公共法律服务水平。

三、城市社区治理法治监督机制不够健全

城市社区法治化治理的基本目标就是限制和约束公权力，保障私权利，但在具体的城市社区治理实践中，法治监督体系不完善，监督手段和途径比较单一，可操作性不强，社区居民参与监督的积极性不高，存在大量监督不力的情形。《城市居民委员会组织法》规定了社区居民的自治参与权利，其第8条明确规定，“居民委员会主任、副主任和委员，由本居住地区全体有选举权的居民或者由每户

---

① 原珂主编：《中国城市社区建设与发展报告（2022）》，社会科学文献出版社2023年版，第15页。

派代表选举产生；根据居民意见，也可以由每个居民小组选举代表二至三人选举产生”。第9条明确规定，“居民会议可以由全体十八周岁以上的居民或者每户派代表参加，也可以由每个居民小组选举代表二至三人参加”。但由于没有明确规定对居民委员会主任、副主任和委员以及居民会议代表产生过程的监督，现实中仍存在拉票、贿选等乱象，从而影响了社区居民自治参与权的行使。虽然《监察法》第15条将“基层群众性自治组织中从事管理的人员”纳入监察范围，但是对拉票、贿选产生的社区工作人员如何监管却没有作出明确规定，对社区工作人员不作为或乱作为而严重损害社区居民利益的监管机制仍不健全。

同时，由于监督意识不强、监督途径不畅等，社区居民无论是在对政府公共服务职能的监督上，还是在对社区自治组织自治职责的监督上，其监督方式仍然是传统的“听证式”监督，社区居民大多通过查看社区事务通知栏，出席社区听证会议等形式行使监督权，并没有起到实质性的监督作用，也影响了社区居民的监督积极性。另外，社区居民委员会是在基层政府主导下进行工作，长期的行政化惯性影响了其自我管理、自我服务、自我监督的自治职能的发挥，加上居民自下而上的监督渠道并不畅通，也使居民对于政府、社区的民主监督的纵向推进难以为继。

第五节　文化层面：城市社区治理法治文化有待提升

一、部分基层领导干部法治观念较为薄弱

在城市社区治理实践中，部分基层领导干部法治观念较为薄弱，法治思维能力不够，现实操作上仍然沿袭旧有的思维惯性和行为模式。尤其在推进城市社区治理法治化进程中，一些领导干部法治思维能力的欠缺成为阻滞治理效能的因素。如有些基层领导干部欠缺规则性思维，遇事不先找法，寻求法律的依据，而是依赖固有思维和传统惯例；有些基层领导干部欠缺合法性思维，在法律条文没有明文规定的情况下，没有严格依据相关的法律原则、立法目的及法治精神行使权力；有些基层领导干部欠缺程序性思维，强调行政效率，没有严格按照法定程序行使权力或者弱化了法定程序的规范要求；有些基层领导干部欠缺权责性思维，没有理解“有权必有责，权责应相当”的基本要求。

二、多元治理主体对城市社区法治化治理认同感不高

在城市社区治理中，党委、政府、社区自治组织、市场主体、社会组织等多元主体基于各自优势与职责分工，共同参与城市社区治理。但部分城市社区居民、社会组织、辖区内企事业单位却认为城市社区治理法治化应当是政府、街道、居民委员会的事情，不愿

意积极主动参与城市社区法治化治理。在遇到矛盾纠纷时，他们习惯自己私下解决，不愿意寻求社区自治组织的帮助；有些社区居民“信访不信法”，认为通过上访能够维护自己的权益，“越法维权”较为普遍，法律意识不强，学法、用法氛围不浓；有些社区居民不关心社区公共利益，对社区治理法治化的理解也存在一些偏差，从而导致对社区治理法治化的支持力度不够。由于社区居民参与社区事务较少，他们并不相信自己的参与能够被基层党委、政府和社区自治组织认可，更不相信自己的意见建议能够影响基层决策部署，很多需要公众参与的社区组织、社区活动落不到实处。

09

第九章

城市社区治理法治化的提升路径

城市社区治理法治化是国家治理现代化的题中应有之义，其根本目标是实现社会高质量发展和满足人民美好生活需要。推进城市社区治理法治化，能够有效实现社区治理的有序分工、畅通居民的诉求表达、维护基层社会秩序的和谐稳定、促进民生与人的现代化成为城市社区治理实践中的基本目标遵循。在推进基层治理体系与治理能力现代化进程中，城市社区治理法治化应突破社区治理实践中的“瓶颈”，加强法律制度供给，健全城市社区治理法律制度体系；优化基层治理机制，理顺多元治理主体协同治理关系；推进人才队伍建设，完善城市社区治理法治人才体系；统筹整合法治资源，夯实城市社区治理法治保障体系；注重法治文化培育，强化城市社区治理法治文化作用。

第一节　优化立法：健全城市社区治理法律制度体系

城市社区治理现代化要求城市社区在法治轨道上推进治理体系和治理能力的现代化，在现代化进程的推进中，城市社区治理理念、治理主体、治理模式、治理方式与治理手段水平在不断地改变与创新，这必然需要通过法律制度的有效供给为城市社区治理现代化实践提供充分的规则支撑。目前，城市社区治理基于多元主体体系构建了多元规则体系，虽然有些制度规则供给主体之间能够在协商议事下通过联合发文的形式，形成较为一致的城市社区治理相关制度规则，如党组织和政府相关部门联合发布涉及城市社区治理某一方面的规范性文件，但是，城市社区治理规则或制度供给的主体越多，所构建的城市社区治理规则体系，在纵向上会形成相对不同的效力位阶，在横向上有时也会出现规则制度衔接磨合甚至相互冲突的情况。因此，在构建城市社区治理多元规则体系时，有必要促进多元规则之间的有效衔接，形成权限级别划分有序、内部协商一致的制度体系。

一、国家层面，加强城市社区治理统一立法

（一）通过国家立法的形式，制定城市社区治理专项立法

在推进基层治理体系和治理能力现代化的过程中，加快国家层面立法的步伐，借鉴城市社区治理的典型经验模式和学界对城市社区治理的前沿理论研究，制定一部专项立法——“城市社区治理法”，将现行分散的、被实践证明行之有效的、与城市社区治理相关的法律规范整合在一起，形成城市社区治理法律制度体系。“城市社区治理法”作为统领城市社区治理的专门立法，应明确城市社区治理法治化的立法原则、目的、内容、程序和法律后果等。如确立党建引领、多元主体、自治共治、协商议事、调解联动等城市社区治理法治化的基本原则和理念；阐明城市社区的内涵、范围与要素，理顺城市社区治理各主体之间的内部关系、城市社区治理本身与社区治理其他领域的关系，对城市社区“两委”职能、基层政府角色定位、鼓励与引导社会组织与辖区社会单位参与等权利义务关系进行界定；厘清基层政府对城市社区治理的权力清单，明确城市社区居民的自治权，彰显城市社区治理的自治性，界定政府治理权与居民自治权的边界；加强法治宣传、多元化调解、社区公共法律服务、社区规范执法、社区矫正等事项的治理；制定规范的城市社区治理程序，严格按照城市社区治理的组织运行、执法机制、监督机制以及救济程序推进社区治理工作。

（二）做好城市社区治理的配套立法工作

通过制定修改完善配套法律法规，不断提高城市社区治理立法

的体系性和完备性，为城市社区治理法治化构建基本框架。

1. 及时修订完善现行《城市居民委员会组织法》

为适应城市社区治理现代化的法治需求，应修订完善城市社区居委会的任命制度、选举制度、工作制度与管理制度等具体规则，使其更具有可操作性。一是在《城市居民委员会组织法》中完善党的领导的相关条款。坚持党建引领城市社区治理，加强基层党组织与社区居委会的良性互动。城市社区要构建社区居委会向基层党组织及时反映居民的意见建议和合理诉求的联络机制；基层党组织也要利用优秀的组织能力和专业优势引领城市社区自治组织进行法治化治理，从而进一步健全基层群众自治制度。二是在《城市居民委员会组织法》中完善协商议事机制的相关条款。可以将实践中各地探索形成的党建引领“三驾马车”联席议事有效机制上升为法律制度，赋予社区成员代表大会、社区居民议事会等民主议事载体以法律身份。充分发挥基层党组织在“三驾马车”中的组织、协调、监管作用，夯实居民委员会、业主委员会、物业公司“三位一体”融合联动工作机制，切实将“三驾马车”协同推进城市社区治理工作纳入制度化、规范化轨道。

2. 及时修订完善现行《物业管理条例》

在《物业管理条例》中应补充规定物业管理委员会的内容。目前，一些省、市在地方物业管理条例中规定了物业管理委员会的内容，有必要在《物业管理条例》中作出统一规定，明确其性质、地位及具体职能。物业管理委员会作为小区临时管理机构，承担组织业主共同决定物业管理的职能。不具备成立业主委员会条件，或者具备成立条件但未成立业主委员会的住宅小区，经物业所在地的县（市、区）物业管理行政主管部门或者街道办事处（乡镇人民政府）

指导后仍不能成立的，可以由街道办事处（乡镇人民政府）、社区居（村）民委员会、社区服务机构、建设单位、业主代表等组成所在物业管理区域内的物业管理委员会，代行业主大会和业主委员会职责。

3. 及时修订完善社会组织相关立法

对《社会团体登记管理条例》《民办非企业单位登记管理暂行条例》《基金会管理条例》等社会组织相关法规中不适应经济社会发展现状的、有冲突与不一致的条例规范的内容及时修订调整，如对社会组织设立与撤销的条件与程序的完善，对社会组织登记管理制度的健全等，以破解双重管理体制对社会组织发展所造成的“瓶颈”。同时针对不同类别的社会组织的实践现状与发展需要，进一步细化制定相应的单项法律法规。做到对不同类型的社会组织分类指导、分类管理，对不同社会组织参与社区治理提供相应的法律依据。在条件成熟时，应制定一部专门的“社会组织法”。社会组织类型多样、性质复杂，除了通过立法予以分类指导与管理，还需要从法律上对一些共性问题予以明确，如社会组织的概念、性质、特点、地位等原则性问题的规范，明确社会组织的设立、撤销等实体条件与程序要求，还要明确社会组织的权利义务的具体内容等，从而明确社区社会组织的法律地位。从法律上积极鼓励、支持、培育这些社会组织发展，通过政府购买其专业化服务，为社区提供专业化、便利化的公共服务，拓展社区公共服务的内容和形式。

二、鼓励城市社区治理的地方立法

在城市社区治理高位阶立法的推进下，应当鼓励各地区制定适应地区发展实际的关于城市社区治理的地方立法。地方立法的目的就是细化补充上位法的原则性规定，结合本区域的社区发展实际、经济发展现状、人文地理环境、民俗等因素，形成适合本区域发展的城市社区治理法治化模式。通过鼓励城市社区治理的地方立法，将上位法的原则性规定细化补充为可操作性的地方性法规规章，指引明确城市社区治理法治化进程，为城市社区治理实践提供制度依据。例如，浙江省第十四届人大常委会第四次会议批准《龙港市社区治理条例》。该条例是全国唯一一部规范“市管社区”的地方性法规，自2023年9月25日起施行。2019年，龙港撤镇设市以来，探索出“大部制、扁平化、低成本、高效率”运转模式，但特殊的运行模式也带来了相应法律问题。2021年11月，浙江省人大常委会审议通过关于促进和保障龙港市新型城镇化综合改革的决定，为龙港改革提供基本法治框架。在此基础上，《龙港市社区治理条例》进一步从制度设计层面探索构建基层治理有效运行机制，建立政府服务下沉社区、网格化治理和社会组织参与制度。对于乡镇职能承接的相关问题，该条例明确规定，行政管理职责“上提”，由龙港市政府及其有关部门行使；部分服务性、事务性事项“下放”，通过委托、购买社会服务等方式，由社区自治组织、其他社会组织具体承担。同时，该条例进一步推动“市管”主导作用，对温州市政府、龙港市政府及有关部门在推进社区治理工作中的职责作出明确规定，并要求严格落实清单化管理制度，清单以外的工作事项，不得交由社区承担。总体来说，《龙港市社区治理条例》进一步明确了撤镇建市后“市管社区”法定职责的承接路径方式、保障措施，为龙港市深化全国新型城镇化综合改革提供了有力法治保障。[①]

---

① 徐健、蒋欣如、殷诚聪：《为龙港扁平化社会治理立法　全国唯一规范“市管社区”地方性法规获批》，载《浙江日报》2023年7月29日，第3版。

三、加强国家立法与地方立法的衔接

目前，因为没有涉及城市社区治理专项立法，出现的多是地方性法规规章，在制定国家层面的社区治理法的基础上，如何加强与地方性立法的协调衔接成为关键。考察各地城市社区治理法治化实践发现，城市社区工作较为复杂琐碎，涉及多方面事项，国家层面立法对城市社区治理作出的原则性规定需要地方性法规规章将其具体化。因此，加强国家立法与地方立法的衔接，就成为推进城市社区治理法治化的关键。

一是注重处理衔接与特色的关系。地方人大常委会编制立法规划，应当做好与全国人大常委会立法规划和年度立法计划的衔接，对立法项目和立法工作的内容、进度等，根据法律的制定和修改安排作出前瞻性考虑和适当安排，与国家立法和法治建设进程保持总体一致，确保法制统一。地方人大常委会立法规划在做好衔接的同时，还要突出地方特色，着眼于解决本地实际问题和满足改革发展稳定需要，开展创制性立法，在立法项目安排上注重选取“小切口”，保证制定修改的法规的适用性与可操作性。二是增强地方立法的协同性。编制和实施立法规划，能够推动实现立法安排上的相互配合、法规制度上的相互契合、法规实施上的相互促进、立法成效上的相得益彰。按照成熟程度安排立法项目，区分轻重缓急统筹立法任务，有计划有节奏有重点地推动地方立法工作，实现立法任务与立法资源的协同；坚持从实际出发，更加注重实施性、补充性、探索性，不断提高立法的针对性和可操作性，实现地方性法规与上位法的协同；充分考虑区域治理和区域协同发展的法治需要，共同推动协同立法项目的选题确定和落地实施，实现区域立法的协同；

明确责任和任务，统筹推进各个方面、各项进度的协同进行，各有关单位加强立法工作的协调统一，共同推进立法规划实施各项工作，实现地方立法工作的协同。[①]

四、推进城市社区软法之治

（一）增强城市社区自治规约的适用性

城市社区治理法治化要促进社区自治与实现人的现代化，需要硬法与软法相辅相成，满足多元治理主体的不同利益诉求。社区自治规约等社区软法的制定大多是通过民主协商，在充分回应社区居民利益诉求的基础上制定的，社区软法主要是为了弥补现行法律法规的不足，通过更细化、更具体、更具可操作性的自治规约适用于城市社区治理法治化，体现最广泛的民意基础与民主化程度。[②] 社区自治规约的适用性主要取决于其法律效力以及自身的质量，而实践中社区自治规约由于效力位阶低等自身局限性，面临适用性不强的问题。要增强城市社区自治规约的适用性，就要从程序性和实质性方面予以加强，提高社区自治规约的质量。一是建立社区自治规约的专家咨询制度。社区可以由社区法律顾问或者聘请专家为社区自治规约的制定程序和实质内容出具法律意见，为各治理主体在法律规范的要求下的治理共同体模式提供咨询指导。专家意见指导，能够提升社区软法制定的科学性，降低规范冲突，提高社区自治规约的可操作性。二是健全社区自治规约的制定程序。社区自治规约制

---

① 王泽庆、胡洪群、张宜云：《编制和实施立法规划　推动新时代地方立法工作高质量发展》，载中国人大网，http：//www. npc. gov. cn/c2/c30834/202402/t20240206_ 434615. html。

② 朱未易：《城市法治建设的法理与实证》，中国社会科学出版社 2014 年版，第 51 ~ 53 页。

定应符合平等公正、民主协商的程序要求，推进民主参与制定社区自治规约，增强社区自治规约的有效性与实用性。如制定《城市社区居民议事会章程》，将城市社区议事机构成员分为专职委员与民众委员，专职委员不得超过委员总数的1/2，民众委员不少于委员总数的1/2，民众委员可以由城市社区内的专家学者、高学历知识分子、社会管理人才、有社会责任心的人等优秀代表通过社区居民民主选举产生，[①] 以此体现最广泛的民意基础与民主化程度。但同时对社区自治主体的法治能力提出了较高的要求，相关主体在制定社区自治规约时，应具备相应的法律资质、参加了法律专业学习或者接受了社区的义务法律教育，以此来促进社区自治规约的科学性。三是建立社区自治规约备案审查机制。社区自治规约是基于各社区实际需要制定的，如居民公约、管理规约等，这类社会规范数量较多，内容针对性较强，形式较为灵活，可建立事后备案审查制度。根据《城市居民委员会组织法》第15条的规定，居民公约应当报不设区的市、市辖区的人民政府或者其派出机关备案。应将其他具有软法性质的社区自治规约，如与其他社会组织约定的管理规约等规范性文件，也纳入备案审查范围。四是加强对社区软法之治的监督评估。由于社区软法并不具有强制力，故而对于治理效果不佳的社会组织可以采取舆论监督、公共信用评价等方式，通过同业竞争压力与推进诚信体系建设的方式来引导各社区社会组织的健康发展。对于在社区居民中实施软法之治则可以通过建立诚信档案、信用记录或教育宣传等方式来保障社区软法实施。

---

① 杨佩怡：《城市社区治理法治化研究——以南京市新街口商业街社区为例》，南京师范大学2017年硕士学位论文，第23页。

（二）加强社区自治规约与国家法律的衔接

一是国家法律层面加强对社区自治规约的指导。法律规定的大多是一般性的社区治理秩序和原则性的社区治理制度，但中国的城市社区形式多样且复杂，没有统一的治理模板和治理模式，社会发生公共危机或者紧急状况时，法律常常不得不为断裂性调整让路。[①]但人们在长期生产生活中形成并得到自觉遵守的行为习惯以及基本道德规范，却能更加灵活应对各类情况，也具备更稳定与广泛的社会基础。在社区自治规约不违背国家法律法规的情况下，可以将其构建到城市社区法治规范体系中，让其在城市社区法治化治理中发挥规范作用，这也更有利于社区自治组织化解矛盾纠纷机制的完善。二是社区自治规约主动对接国家法律。在法律精神与法治原则的指导下，城市社区应根据社区治理实际情况制定社区自治规约，对于法律规定的程序要求与实质内容都要严格遵守，对于法律授权社区自治的事项，应在专家与法律顾问的咨询指导下，重点进行社区自治规约的制定。在制定程序方面，按照平等公正、民主协商的程序要求，尽可能回应大多数社区民众的利益诉求与意见建议，体现法治的民主原则与平等精神。

---

① 张锐智、张何鑫：《城市社区治理中软法作用研究》，载《河北法学》2020 年第 6 期。

第二节　健全机制：理顺多元治理主体协同治理关系

习近平总书记强调，“以共建共治共享拓展社会发展新局面”。完善共建共治共享的社会治理制度，实现政府治理同社会调节、居民自治良性互动，建设人人有责、人人尽责、人人享有的社会治理共同体。这一要求体现了党领导下多方参与、共同治理的理念，是社会治理理念、治理体制和治理方式的重大创新。城市社区作为社会生活的共同体，优化城市社区治理多元治理主体体系，理顺多元治理主体的协同治理关系，成为城市社区民主政治建设的前提和基础。城市社区治理法治化的实现过程实质就是多元治理主体在城市社区治理中平衡协调，推进社会治理共同体机制不断完善的过程，体现了从以政府为主导的传统社区管理逐步向政府、市场、社会等多元主体基于治理互动的社区善治转变的过程。

一、坚持党建引领，为城市社区治理法治化提供政治保障

（一）在治理理念上，提高对党建引领城市社区法治化治理重要性的认识

党的二十大报告进一步指出，“中国特色社会主义最本质的特征是中国共产党领导，中国特色社会主义制度的最大优势是中国共产

党领导，中国共产党是最高政治领导力量”，“确保党发挥总揽全局、协调各方的领导核心作用”。坚持中国共产党的领导，是推动基层社会治理体系和治理能力现代化的必然选择。《中国共产党章程》第33条规定，“街道、乡、镇党的基层委员会和村、社区党组织，统一领导本地区基层各类组织和各项工作，加强基层社会治理，支持和保证行政组织、经济组织和群众性自治组织充分行使职权”。《中共中央、国务院关于加强和完善城乡社区治理的意见》明确提出，“坚持以基层党组织建设为关键、政府治理为主导、居民需求为导向、改革创新为动力，健全体系、整合资源、增强能力，完善城乡社区治理体制”的指导思想。通过基层党组织引领基层社会治理，优化整合城市社区各类社会资源，融合引导城市社区多元治理主体，把党的领导转化为社区治理优势，确保城市社区法治化治理的正确政治方向，助推城市社区法治建设与社区治理之间的结构性、功能性和机制性融合，最终形成以党组织为核心的合作治理形态。①

（二）在治理机制上，理顺党建引领城市社区法治化治理的运行机制

党建引领城市社区法治化治理，就是要将党的领导贯穿到城市社区治理法治化的全过程全方面，不断提高党对城市社区法治化治理的引领力、组织力、保障力。一是探索“基层党建＋法治”路径载体，充分发挥基层党组织在法治社区建设中的战斗堡垒作用。健全党建引领城市社区法治化治理的体制机制，着力构建以基层党组织为核心的公共服务圈、群众自治圈、社会共治圈。《中国共产党支

① 孙肖远：《城市社区治理的模式转型与机制构建》，载《理论探讨》2016年第5期。

部工作条例（试行）》第 9 条规定了党支部的基本任务，包括“宣传和贯彻落实党的理论和路线方针政策，宣传和执行党中央、上级党组织及本党支部的决议。讨论决定或者参与决定本地区本部门本单位重要事项，充分发挥党员先锋模范作用，团结组织群众，努力完成本地区本部门本单位所担负的任务”。“学习党的基本知识，学习科学、文化、法律和业务知识。做好思想政治工作和意识形态工作。”第 10 条规定了社区党支部的重点任务，“全面领导隶属本社区的各类组织和各项工作，围绕巩固党在城市执政基础、增进群众福祉开展工作，领导基层社会治理，组织整合辖区资源，服务社区群众、维护和谐稳定、建设美好家园”。基层党组织在城市社区治理中应始终贯彻落实中央的方针政策，在满足城市社区居民多元利益需求、增进城市社区凝聚力的同时，巩固党在社区层面的执政基础。在推进城市社区治理法治化进程中，基层党组织应将法治社区建设摆在重要位置，将其纳入社区发展总体规划，定期谋划部署重要工作、研究解决重大问题，形成基层党组织引领、多元治理主体有效参与的良好局面。二是充分发挥社区党员的先锋模范作用。《中国共产党章程》第 34 条规定，“党支部是党的基础组织，担负直接教育党员、管理党员、监督党员和组织群众、宣传群众、凝聚群众、服务群众的职责”。通过基层党组织对社区党员的教育、管理、监督，更好地发挥社区党员的先锋模范作用，使基层党组织成为服务社区居民的桥梁和纽带。加强基层党组织带头人队伍建设，通过设置“党代表工作室”和“党员服务岗”，以及“结对子”“精准扶贫”等形式，充分发挥每名党员的特长，激发其责任担当意识。基层党组织还应建立流动党员管理机制，使因就业或居住地变化等而流动的党员信赖并服从当前经常居住地的社区党组织的管理，扩大社区党组织的覆盖面。三是完善党建引领城市社区法治化治理的评价机制。上级党委政府可制定推进城市社区法治化治理的实施意见，建立健全与之相符的指标体系、工作体系、政策体系和评价体系，发挥督察考核指挥棒和群众测评风向标作用。将法治社区建设工作成效作为基层社会法治化治理示范创建重要指标，常态化开展年度“民主法治社区”评选，强化先进典型示范带动。

二、加强政府主导，为城市社区治理法治化提供必要前提

（一）在治理理念上，基层政府应树立以法治思维、法治方式实现善治的理念

世界著名管理大师杜拉克指出：“当今社会不是一场技术，也不是软件、速度的革命，而是一场观念上的革命。”城市社区治理要实现善治的目标，就要转变观念，用科学、民主、文明、规范的理念引领城市社区治理法治化的推进。一是树立规则至上、权利本位、权力控制、程序优先思维的法治化治理理念。基于规则的公正性、稳定性与程序性要求，基层政府在处理社区事务时，不能随意地凭借主观判断和感性情绪去更改与破坏规则，而要理性与客观地依据法律法规、制度要求等规范性文件综合考量、理性判断与客观处理，从而得到相对公平的结果。权利本位思维，要求基层政府在处理社区公共事务时，应首先考虑社区居民的权利与利益，同时表现为人权思维。基层政府要从人本主义出发，尊重社区居民的人权，保障其权利能够得到充分而相对自由的行使。权力控制思维则明确政府的权力要受到限制和约束，公民的合法权益范围正是政府权力范围的边界。这个边界要基于公民权利边界、政府法定权限、正当程序、监督和裁量基准等“制度的笼子”明确予以规划。程序优先思维，

要求基层政府在处理社区事务时，按正当程序办事，充分发挥合法与公正程序的作用，严格按照时间、顺序、具体条件的要求，保证在实体公正的前提下，按照合法又合理的规则步骤、要求来处理问题，从而使实体公正没有瑕疵，不会受到质疑。以法治思维推进城市社区治理现代化就是将凸显的各类社会矛盾的解决引向法治轨道，同时通过完善的制度建设，使多元治理的社会主体在开放而公正的法治空间中，形成积极参与、协作共治的局面。二是确立责任至上的服务理念。权力总是伴随着责任，权力和责任关系通过“源于人民意志—构成管理主体—受托行使权力—体现人民意志”循环路线图来实现。责任至上要求建立完善的责任机制，通过结果导向、绩效考核、社会评价等手段，强化基层政府对社区居民的服务与责任意识，自觉履行各项法律法规明确规定的各项义务与职责操守，将解决社区居民的需求为行为的出发点。这必然要求建立畅通有序的利益诉求表达、心理调适干预、矛盾协调处理、权益保障机制，使政府能树立责任与担当意识，比较及时与全面地获取群众的利益需求，使行政决策更具有民主性与可行性，以真正做到服务社区居民、尽责于社区居民。

（二）在治理机制上，理顺政府主导城市社区法治化治理的运行机制

《法治政府建设实施纲要（2021—2025 年）》指出，“法治政府建设是全面依法治国的重点任务和主体工程，是推进国家治理体系和治理能力现代化的重要支撑”。城市社区是社会治理中的基本单元，城市社区治理的水平也直接关系法治政府建设的程度。同时，建设法治政府需要城市社区治理法治化逐步推进，并对社区治理提

出新的要求。一是在推进城市社区治理法治化的进程中，政府应重新进行角色定位。法治政府是城市社区治理的规划者，基层政府在全面领会中共中央、国务院的方针、政策的基础上，根据城市社区的自身特点，制定社区治理规划的路线图，确保城市社区治理沿着正确的方向前行。法治政府是城市社区治理的支持者，涉及城市社区民生保障方面的基础设施、生活配套设施、公共服务设施等，需要依靠政府财政保障和专项资金投入，以保证城市社区持续、健康、有序发展。法治政府是城市社区治理的协助者，城市社区治理要促进社区自治，基层政府应协助城市社区开展工作而非将行政事务性工作摊派给社区。法治政府是城市社区治理的服务者，服务型政府是建设法治政府的重要特征，政府应强化服务理念，改变行政命令性思想，以人为本，立足社区居民的多样化需求，为城市社区治理提供多样化的服务。法治政府是城市社区治理的监督者，在推进城市社区治理的整个过程中，政府要对社区代表大会和社区居民委员会进行全面监督，避免权力被滥用。二是在推进城市社区治理法治化的进程中，应着力实现政府职能深刻转变。按照《法治政府建设实施纲要（2021—2025 年）》的要求，法治政府建设要着力实现政府职能深刻转变，把该管的事务管好、管到位，基本形成边界清晰、分工合理、权责一致、运行高效、法治保障的政府机构职能体系。在推进城市社区法治化治理的进程中，政府工作要贴近城市社区，根据城市社区工作实际及时调整治理政策。通过强化城市社区的基层建设，将事权转移，达到权责相符。政府工作方式要遵循民主协商的原则，不应将行政工作摊派给城市社区，某些确实需要社区配合的工作，在协商并确定权责之后，由政府部门与社区共同完成。政府要支持多元治理主体参与社区治理，政府不断鼓励并大力支持基层社会组织、社区居民等治理主体广泛参与社区治理，才能实现建设法治政府与城市社区治理之间的良性互动，才能真正发挥政府在推进城市社区治理法治化中的重要作用。三是依法规范政府在城市社区治理中的行政行为。法治的核心要义就是规范公权力、保障私权利，城市社区法治化治理的重点就是通过为社区民众平等参与城市社区治理设定具体的准则，为一系列城市社区纠纷与争端提供确切的解决依据和规则，以达到规范和限制公权力、尊重和保障私权利的目的。习近平总书记强调，“各级行政机关必须依法履行职责，坚持法定职责必须为、法无授权不可为，决不允许任何组织或者个人有超越法律的特权”。法无授权不可为，意味着法无授权皆应禁止，直接表现为职权法定。执法主体作出某种公务行为必须有法律规范依据，这既表明了公权力的职权范围，也划定了权力的边界。法定职责必须为，表明了权责统一的基本要求，法律在赋予行政机关职权的同时，实际上也赋予行政机关义务和责任，行政机关在接受授权的同时，也接受了义务和责任。依法应当由行政机关行使的职权，不能任意授权、转嫁责任；即便法有授权，行政机关同样不可任性为之，如通过严格执法人员持证上岗和资格管理制度、加强基层行政执法队伍建设、防止和控制行政裁量权滥用等方式规范基层行政执法。四是完善信息双向公开机制。在信息传递方面，城市社区与法治政府在推进城市社区治理方面相互协调，相互平衡。一方面，政府应向城市社区公开、透明地传递信息。除违背《政府信息公开条例》规定内容外，法治政府通过与城市社区对话交流，了解城市社区的信息需求，及时、公开地进行信息沟通。另一方面，城市社区应向政府传递真实、全面、准确的信息，这既便于政府发现社区的真实问题并予以解决，也便于居民了解政府的真实意图和具体做法，使社区居民发自内心地支持和配合政府工作。同时，信息双向传递机制有利于政府工作人员与城市社区工作人员建立互助、友好的合作关系，在社区治理过程中容易达成共识，提高城市社区治理法治化的工作效率。

三、激发社会活力，为城市社区治理法治化提供专业支撑

（一）在治理理念上，注重发挥社会组织在城市社区法治化治理的积极作用

良好的城市社区治理必然要求为城市社区居民提供优质的公共服务，是否采取科学合理的公共服务供给模式将直接影响社区治理的效果。在公共服务产品的特性以及“政府失灵”与“市场失灵”的理论基础上，政府引导、社会参与的多元治理主体协同参与城市社区治理成为城市社区发展的必然趋势。2017 年 12 月发布的《民政部关于大力培育发展社区社会组织的意见》明确指出，“培育发展社区社会组织，对加强社区治理体系建设、推动社会治理重心向基层下移、打造共建共治共享的社会治理格局，具有重要作用”。有学者也指出，“以社会组织为主体的社会自治是法治社会存在和运行的基本特征”。[①] 因此，社会组织是城市社区治理的重要主体，政府应注重发挥社会组织在提供社区服务、扩大居民参与、培育社区文化、化解社区矛盾纠纷等方面的积极作用，引导社会组织在基层党组织领导下，通过法律制度的构建、保障功能，真正确立社会组织的重要治理主体地位，依法保障其发挥重要功能，促进社区社会组织依

① 庞正：《法治社会和社会治理：理论定位与关系厘清》，载《江海学刊》2019 年第 5 期。

法治理、民主决策、自主运作，同时协助基层群众自治组织参与城市社区治理。

（二）在治理机制上，理顺引导社会组织有效参与城市社区法治化治理的运行机制

社会组织作为重要的社会治理力量，其发展速度曾滞后于经济和社会的发展。近年来，政府通过舆论引导、政策制定、利益驱动、平台搭建以及社会保障等多种措施，积极引导和培育社会组织的发展，社会组织也基于自身灵活性、公益性和可靠性等特性，在社会资源整合、专业化社会服务和社区有效建设等方面的作用日益突出。一是要扩大和保障社会组织的正当行为空间。2016 年 8 月，中共中央办公厅、国务院办公厅印发《关于改革社会组织管理制度促进社会组织健康有序发展的意见》明确提到，“到 2020 年，统一登记、各司其职、协调配合、分级负责、依法监管的中国特色社会组织管理体制建立健全，社会组织法规政策更加完善，综合监管更加有效，党组织作用发挥更加明显，发展环境更加优化；政社分开、权责明确、依法自治的社会组织制度基本建立，结构合理、功能完善、竞争有序、诚信自律、充满活力的社会组织发展格局基本形成”。通过引导社会组织有效参与城市社区治理，推动构建区域大党建格局，促进基层党组织与社区治理单元的高度契合，完善党引领社会组织的建设和功能发挥机制，引导社会组织在城市社区治理中发挥积极作用。政府既要完善对社会组织依法进行监管的机制，也承担大量对社会组织进行服务和支持的职责。社会组织对内依据章程等组织规范建立民主的治理机制，对外依据法定权利有序进行活动，并依

法构建高度透明的信息公开制度，以此来有效增强社会公信力。[①] 二是要进一步优化基本公共服务资源的支配和供求关系。要动员社会资源和社会力量，丰富和调适基本公共服务的供求；扩大和优化基本公共服务资源的供求，形成法治社会公共服务的良性架构。例如，上海市闵行区在城市基层社会中建构“居委会 + 业委会 + 物业公司 + 法律顾问 + N”的治理格局；深圳市南山区“一核多元”（简称“1 + 3 + N”）的现代社区治理结构，即以社区综合党委（总支）为核心，以社区居委会、社区工作站、社区服务中心三个主体为依托，农城化股份公司、社区社会组织、业主委员会、物业管理公司和驻辖区企事业单位等多元主体共同参与、平等合作的社区治理结构与模式。社会组织有效参与城市社区治理，推动了“专业主导式合作治理”的产生与发展，最终为推进城市治理精细化奠定了人才基础。同时引导社会组织有效参与城市社区法治化治理，要处理好政府、市场与社会组织的协同关系，政府在注重公平、市场注重效率的同时，要高度重视社会组织的灵活性、亲民性，强化其资源组织和动员能力；要处理好政府部门之间的协作关系，避免因政府部门职能、资源、信息、利益等缺乏整合而导致“孤岛现象”；[②] 要处理好民众的合作关系，通过民众协商制度和制度惯例化，弱化少数人反对的障碍，克服“一事一议”难题；要处理好供给与需求的有效对接关系，重点通过社会组织的中介作用，实现公共服务供给与需求的对接；还要注重发挥工会、共青团、妇女联合会、法学会等群团组织、

---

① 菅从进、王琦：《共同体视域下社区网格化治理法治化的主体之维》，载《广西社会科学》2021 年第 2 期。

② 陈柏峰：《中国法治社会的结构及其运行机制》，载《中国社会科学》2019 年第 1 期。

社会组织在联系动员群众参与城市社区法治化治理的积极作用。三是要加大政府对社区社会组织的培育扶持力度，健全社会组织依法有序参与城市社区法治化治理相关体制机制。按照《民政部关于大力培育发展社区社会组织的意见》“加大对社区社会组织的培育扶持力度”的要求，对社区社会组织“实施分类管理”“明确发展重点”“加大扶持力度”“促进能力提升”。《法治社会建设实施纲要（2020—2025年）》在推进社会治理法治化中，专门提到发挥社会组织在法治社会建设中的作用，其中明确了“促进社会组织健康有序发展，推进社会组织明确权责、依法自治、发挥作用。坚持党对社会组织的领导，加强社会组织党的建设，确保社会组织发展的正确政治方向。加大培育社会组织力度，重点培育、优先发展行业协会商会类、科技类、公益慈善类、城乡社区服务类社会组织。推动和支持志愿服务组织发展，开展志愿服务标准化建设。发挥行业协会商会自律功能，探索建立行业自律组织。发挥社区社会组织在创新基层社会治理中的积极作用。完善政府购买公共服务机制，促进社会组织在提供公共服务中发挥更大作用”。

四、引导公众参与，为城市社区治理法治化奠定群众基础

（一）在治理理念上，大力提倡公民参与城市社区法治化治理的理念

城市的核心是人，城市发展必须坚持人民至上。党的二十大报告强调，“坚持人民城市人民建、人民城市为人民，提高城市规划、建设、治理水平”。社区作为城市治理的基本单元，推进城市社区法治化治理的重要目标就是要促进社区自治。社区自治最重要的主体就是居民，没有社区居民参与就没有社区自治，所以衡量一个社区

是否健康发展、良好运行的重要标准就是社区居民的参与程度。社区居民的参与问题也一直是城市社区治理中的难点问题。中华人民共和国成立以来，城市社区居民参与经历了街居制、社区建设以及社区治理等多个阶段的发展。从最初为了政治社会化的参与，到居民缺乏热情和意识的义务性参与，再到基于不同原动力的实质性参与探索等都表明，每一个城市社区发展时期都需要居民参与，只是不同时期有不同的居民参与模式。城市社区治理法治化要大力提倡公众参与的治理理念，始终做到社区发展为了人民，促进社会公平，增进民生福祉，不断增强居民的获得感、幸福感、安全感。要始终做到社区发展依靠人民，引导人民群众通过各种途径和方式参与城市社区治理。

（二）在治理机制上，理顺引导公众参与城市社区法治化治理的运行机制

随着我国社会主要矛盾转化为人民日益增长的美好生活需要和不平衡不充分的发展之间的矛盾，城市社区居民对社区优质公共服务、生态环境、公共安全等方面的需求更为迫切，呈现出多元化、个性化、品质化的特征。要满足社区居民的治理需求，就要充分整合各种社会资源，让各组织有效衔接、充分发挥作用，让各阶层的主体进入治理队伍，承担治理责任，尤其是要充分利用城乡社区居民共同利益点较多的特点，积极引导建立城乡社区志愿者队伍，形成与社区居民广泛联系的纽带。一是赋予社区民众社会参与的权利。引导居民依法有效、有序参与到城市社区法治化治理，意味着在城市社区法治化治理中，社区民众可以独立、自由地发表自己对社区公共事务的看法，提出自己的意见和建议，发挥自己参与城市社区

法治化治理的功能和作用。在这个过程中，社区民众作为城市社区治理法治化的重要主体，他们能够通过法治途径和方式对城市社区治理中的公共事务及工作人员进行有效的监督，进而从深层次理解法治社会建设的核心任务，强化社会主体对社区治理法治化的内在认同，从而实现有效自治和他治。二是完善政府信息公开制度。除违背《政府信息公开条例》规定内容外，应将城市社区法治化治理中的信息公开，包括法律规定、政策规定、组织机构及人员构成、治理方式及程序、救济机制、联系方式等重要信息，保障公民知情权。三是完善社区民众意见反馈机制。充分重视民众诉求，对社区民众就城市社区治理提出的意见和建议，及时回复，同时将居民的意见和合理建议上报给社区，由社区“两委”召开听证会，由提出建议的社区居民、社区工作者、社区法律顾问等专业人士参与，通过充分论证，集中决定是否将居民的建议和意见按照程序上升为城市社区治理政策。四是拓展社区民众参与城市社区治理法治化的共治渠道。按照公民参与阶梯的理论要求，切实有效搭建社区民众参与城市社区法治化治理的多元渠道。一方面是扩建社区“能人库”。社区应坚持党建引领，依靠广大党员群众进行城市社区治理，社区党委通过前期摸排、个人自荐以及邻里推荐相结合的方式，积极扩建社区“能人库”，采取物质奖励与精神激励的方法，发掘引导一批有热情、有能力、有担当、有号召力的社区能人，如能化解矛盾促和谐的“调解能人”，可以推动社区治理发展的“议事能人”，能助人为乐传播正能量的“服务能人”等。通过激发“能人效应”，让社区民众成为城市社区法治化治理的积极参与者。另一方面是搭建社区民众参与城市社区法治化治理的多种平台。通过“线上线下”相融合的方式，引导社区民众充分利用社区治理平台，如通过社区居民大会、社区座谈会、交流会、居民议事会、网格民情分析会等活动，保障社区民众的话语权与知情权。同时，借助互联网技术，开发微信公众号、社区治理 App 等，使社区民众能够积极参与社区治理重大问题的讨论，共同对城市社区治理的公共事务作出决定。

第三节　人才队伍：完善城市社区治理法治人才体系

习近平总书记强调，“全面推进依法治国是一项长期而重大的历史任务，要坚持中国特色社会主义法治道路，坚持以马克思主义法学思想和中国特色社会主义法治理论为指导，立德树人，德法兼修，培养大批高素质法治人才”。高素质法治人才，是建设中国特色社会主义法治体系、建设社会主义法治国家的基础性、战略性支撑，对于在法治轨道上全面建设社会主义现代化国家具有重要意义。城市社区治理各项工作要在法治的轨道上运行需要专业法治人才落实法律，引导多元社区治理主体依法办事，推进社区治理事项按照法定程序开展。通过加强高素质、专业化法治人才队伍建设，为城市社区的公共法律服务工作、民主议事、人民调解、法治宣传、居民权利保护等领域提供全方位的法律支持与助力。但现有法律人才缺乏、法律工作者专业能力不足、法治人才激励机制不健全等成为影响城市社区治理法治化的突出问题，加强法治人才建设，储备法律人才就成为推进城市社区治理法治化的关键。

一、重构城市社区法治人才概念体系，调整法治人才结构

（一）明确城市社区法治人才多元化、专业化和公益性特征

一是拓宽城市社区法治人才来源的多元化渠道。除了社区工作人员、司法所工作人员、律师、法官、检察官、法律志愿者等，还应在社区居民中挖掘法治人才，组建法律服务团队和法律调解团队等。如在城市社区中推进“法律明白人”“法治带头人”队伍建设。在选配“法律明白人”的过程中，注重引领示范，优先培养党员，让党员更好发挥基层治理先锋模范作用；多渠道选任，将符合申报条件的社区“两委”干部、人民调解员、驻社区辅警、网格员、居民小组长、中共党员、后备干部、“五老”人员、致富能手及其他热心公益事业的村民等人员充实到“法律明白人”“法治带头人”队伍。二是丰富城市社区法治人才服务形式的多样性。城市社区法治人才队伍能提供多样化的法律服务形式，采取专兼职服务相结合、市场化和公益性服务相结合、常态化和时效性服务相结合、线上服务和线下服务相结合的多样化服务形式，以实现对社区公共法律服务的全方位、全过程覆盖。

（二）合理调整城市社区法治人才结构，实现人才分类治理

城市社区法治人才结构主要包括专职人员比例、年龄、性别、专业技术职称、志愿者比例等。城市社区在推进法治化治理的进程中应根据社区法治化治理的发展战略和目标定位合理调整法治人才结构。注重发掘具有法学背景的专业型人才，吸纳具有志愿精神的

社会工作专业型人才和志愿人才，提高社区专职法律工作者比例，同时注重青年法治人才的引进，建立专业、品德、能力、业绩兼备的城市社区法治人才结构体系。

二、完善城市社区法治人才制度机制，提升人才治理效能

（一）完善城市社区法治人才引进机制

一是规范城市社区法治人才招聘机制。城市社区治理法治化应当以社区治理需求和人民生活需求为导向引进和交流法治人才。设置社区法律工作者的入职条件、职责范围，拓宽选聘、招聘、自荐等法治人才招募渠道，规范法治人才招募和聘用程序。二是创新城市社区法律顾问引入机制。可借鉴上海市徐汇区街镇司法所和律师事务所、律师和社区居委会相互结对工作，通过“双结对”工作，在社区引入社区法律顾问，让更多的专业律师通过线上和线下形式定期为社区居民提供法律服务，促进法律资源流入基层治理场域，推进城市社区治理的制度化和规范化建设。三是创建城市社区法治人才库，打造社区法治人才交流服务平台。通过创建城市社区法治人才库，实施城市社区法治人才跨区域交流服务机制。允许相邻近社区法治人才跨区域服务，采取灵活的社区法治人才调动方式，扩大社区法治人才储备规模，实现人才流动共享。通过轮岗服务、法治宣传、纠纷调解等多元化法律服务，克服紧急状况下城市社区法治人才的匮乏。

（二）完善城市社区法治人才培训机制

一是创新调整城市社区法治人才法治教育培训内容体系。法治教育培训要强化问题意识，突出问题导向。确立党校、干部学院、

部门和行业的干部教育培训机构与政法院校等高等学校、科研院所的干部教育培训基地为多元培训主体。对社区工作者、法律志愿者进行全覆盖培训，每年定期召开针对社区法律工作者的法治教育专题培训班。社区也可邀请高校法学教师或社区法治建设领域内的专家，集中在社区会议室开展法治理论的相关知识培训、专家座谈、业务交流等活动。二是统筹协调法治教育分类分级培训体系。建立完善的“目标导向＋需求导向＋实效导向”的分级分类培训机制。以提升社区法律工作者依法治理能力为培训目标。针对社区法治人才的不同类别、不同特点与不同需求，分级分类进行针对性培训。以社区法律工作者法治思维运用作为检验培训实效的重要标准。三是强化培训体系要素保障。应定期选派城市社区法律工作者去其他城市社区学习考察，加强社区法律工作者之间的业务交流，相互借鉴吸收值得推广的经验成果和法律服务模式，不断提升城市社区法律工作者的法治能力。四是构建城市社区法治化治理的学习交流平台。通过构建法治理论知识学习交流微信群、QQ 群和学习沙龙等线上、线下学习交流平台，使社区法律工作者能够及时学习国家新出台的法律法规、法律文件等。社区还应为社区法律工作者提供学习资助，鼓励社区法律工作者参与学历教育或法律职业资格考试，不断提升自身的专业知识水平。

（三）完善城市社区法治人才激励机制

一是完善城市社区法治人才保障制度。城市社区应制定合理的专项资金建设机制，设置专款专用的法治资金使用制度，保障社区法治人才的基本物质需求。为不属于公务系统和事业单位系统的社区法律工作者，提供稳定的工资薪酬，按照市场规律保障工资薪酬的合理增长，避免基层法治人才的流失。对引入城市社区的法治人才，通过设置优惠的人才政策，如高薪工资、合理的晋升渠道、解决配偶的工作、安排子女就近上学等，鼓励年轻化、专业化的法治人才积极参与城市社区治理工作。二是完善城市社区法治人才考评机制。科学设立综合考评机制，借鉴公务系统和事业单位系统考评标准，以德、能、勤、绩、廉等作为评价标准，在工作中有突出表现的，应给予物质奖励和精神奖励，可以被授予“先进法治工作者”等荣誉。如存在执法不当等情况，根据情节轻重作出罚款、处分、开除等惩罚，如存在违法犯罪现象，移送行政机关或司法机关依法处置。

第四节　科技支撑：夯实城市社区治理法治保障体系

党的二十大报告强调，“完善网格化管理、精细化服务、信息化支撑的基层治理平台”。人类社会正由信息社会迈向以人工智能为技术支撑的智能社会，数字信息技术正在引发经济、社会、环境等各领域的系统性变革。对城市社区而言，现阶段科技对城市社区的重构，将会是需求主导和新技术推动的双重结合。尤其是随着大数据、云计算、物联网、区块链和人工智能的快速发展，科技创新为城市优化内部结构提供了强大的技术支撑，科技创新成为城市发展的新引擎，也成为城市社区治理现代化的重要支撑。探索数字化、信息化等科技手段在城市社区法治化治理中的开发应用，加速数字社区、智慧社区建设就成为推进城市社区法治化治理的重要途径。

（一）关注“居民需求”，扩大城市社区数字资源的有效供给与流通

当前，科技赋能城市社区法治化治理已成为各界共识。随着信息技术的飞速发展，如何让社区民众切实感受到数字化、智能化带来的便捷性，如何让信息技术以共享、普惠的方式为社区居民的生活赋能成为亟须解决的问题。一是优化基础设施布局，建设城市社

区信息化平台。关注社区居民对城市社区日常管理、自治协商、综合治理等方面的数字信息技术需求，建设智慧社区信息化平台，形成以智慧政务 App 和智能服务终端机为载体，智能中心大数据为基础，城市社区安全管理、社工助手、社区生活服务、社区公共法律服务等多方面为一体的社区居民服务应用，让每一位社区居民都能随时感受到数字信息技术带来的便捷性。二是关注不同群体参与城市社区法治化治理的差异化需求。现代社会是数字智能社会，人是其中最直观的感受者和体验者，也是最终端的参与者和使用者，应关注不同群体参与城市社区法治化治理的差异化需求。为满足居民特别是年轻居民对便捷参与、及时反馈、快速回应诉求的治理需求，城市社区应提供包括门户网站、政务微博群、微信平台、民情档案信息平台、各种 App 中嵌入的议事协商模块等众多线上治理形式，丰富民意收集渠道，征询居民需求，提高数据、信息的及时性和对称性，实现政府公共服务与民生服务的准确对接。同时，考虑到老年人、儿童等“信息弱势群体”和其他“脱网人群”的习惯和需求，在线上最大限度集成不同层级、不同部门、不同科室各类业务综合信息系统，确保“简便化”操作的同时，保留线下办事窗口，设立“一站式”一网通办的便利化服务窗口，消弭“数字鸿沟”。[①] 三是进一步扩大城市社区数字资源的供给与流通。2021 年 4 月，中共中央、国务院印发的《关于加强基层治理体系和治理能力现代化建设的意见》提出，“健全基层智慧治理标准体系”，“推进村（社区）数据资源建设”。这就需要科学界定数据资产的权属，赋予其有序流通的载体，这也是培育数据要素市场的前提条件。城市社区作

① 原珂主编：《中国城市社区建设与发展报告（2022）》，社会科学文献出版社 2023 年版，第 125 页。

为数据资源地，盘活数据资源，充分释放数据要素价值，按照“资源化—资产化—资本化”的发展逻辑，在市场化的规范运作下，成为助力城市社区法治化治理的重要资源保障。

（二）推进“科学智治”，促进城市社区科技与法治化治理深度融合

人类社会正朝着数字化、网络化、智能化的方向快速发展，城市社区通过科技与法治化治理深度融合，推进基础设施智能化、智能服务网格化，为城市社区法治化治理提供技术支撑。一是探索推行“人工智能+公共法律服务”，加强智能化公共法律服务供给。如前所述，上海市徐汇区若干社区引入公共法律服务机器人这一智能化的“社区法律顾问”，借助人工智能在机器学习和自然语言处理方面的优势，构建公共法律服务数据分析模型，提升服务资源配置效率，并通过大数据分析法律咨询服务需求，强化精准高效地进行公共法律服务。公共法律服务机器人基于云端中的大量法律数据，及时有效回应社区居民需求，进行智能咨询、法律宣讲、法律文书储存、法律援助指引、人员机构查询等。公共法律服务机器人还预设了人民调解指导功能，在劳资纠纷、婚姻家庭、财产继承等领域，能够为社区居民提供精确的法律意见，指导民众通过法律途径来解决问题。二是搭建网络互动平台，推进城市社区法律服务更有实效。城市社区应搭建多层级智能服务平台，打破“数据壁垒”和“信息烟囱”，实行平台实体化运行。明确大数据中心、区、街、社区、物业的管理权限和职能范围。同时依托微信公众号、社区论坛、微信群等，社区党组织、社区居委会、议事会、社区居民等主体开展网上协商议事，也能让社区居民及时了解掌握政策和法律、法规。如

重庆市沙坪坝区覃家岗街道凤天路社区的居民通过“云上凤天路”微信公众号，不仅可以了解社区健康小屋、便民信息、公共文体设施等具体信息，还可以及时查找社区网格员的联系方式。社区民众不仅能发布自己的“需求清单”“问题清单”，对网格员的工作，也能及时反馈。社区在提供数字化便民服务的同时，实现了社区事务多条数据的并行传递，促进了基层治理更加便捷、精准。①

（三）注重“规范精治”，破解因智慧社区建设带来安全和隐私困境

城市社区利用现代信息技术和智能化设备，为社区居民提供更加便捷、智能化的生活体验的新型社区模式。但数字化新媒体的运用也存在个人信息泄露、技术排斥导致的法治服务分配不公等隐患，这种新技术路径还需要进一步规范与完善。一是突出统筹规划，完善顶层设计。应统筹整体规划，从全局视角对智慧社区建设进行规划，结合各个区域发展的实际情况，通过出台指导性政策法规，为智慧社区治理提供政策依据和制度保障。在项目的引入和建设中，应聚集各个层次的资源要素，实现功能协调和资源整合。同时充分结合区域发展，完善顶层设计，提供更加完善可行的智慧社区建设和管理方案，做到兼顾全局性、系统性、个性化和可操作性，使之相耦合。二是构建城市智慧社区建设标准体系框架。研究制定新时期智慧社区建设和服务相关技术标准、管理标准、评价标准，为智慧社区标准化建设过程提出基础性、通用性的要求。在信息、安全、

① 周尤：《探路体系化改革破解基层治理难题——沙坪坝区创新实施“党建扎桩·治理结网”工程，探路解决基层“多头治理”、部门“单打独斗”等问题》，载《重庆日报》2023年11月2日，第10版。

平台等方面提供支撑保障，对城市智慧社区居民生活所需服务全过程全方位进行规范，固化工作流程服务标准，实现对城市社区的标准化、规范化治理，为后期复制和推广提供可借鉴的经验。

第五节　文化途径：持续推进城市社区法治文化建设

美国学者塞缪尔·亨廷顿等在《文化的重要作用——价值观如何影响人类进步》一书中从纯主观的角度界定文化的含义，其认为文化指一个社会中的价值观、态度、信念、取向以及人们普遍持有的见解。这种“软实力”实质是通过内在魅力吸引与思想辐射影响，达到教化心灵、升华精神的目的。而法治文化是相对于人治文化而存在的一种进步文化形态，它是法律制度、法治精神在一个国家或地区的实施程度和人们对法律信仰的水平的总和。法治文化的核心内容包括人们的法治意识、法治观念、法治思想、法律价值取向等。习近平总书记指出，“全面推进依法治国需要全社会共同参与，需要全社会法治观念增强，必须在全社会弘扬社会主义法治精神，建设社会主义法治文化”。城市社区法治文化建设是城市社区法治化治理的重要环节，也是城市社区实现善治、构建社区共同体的推动因素。

（一）持续推进城市社区法治文化建设，着力传承好中华优秀传统法律文化

中华优秀法律文化是中国特色社会主义文化的重要组成部分，是社会主义法治国家建设的重要支撑。中华优秀传统法律文化蕴含着十分丰富的朴素理念和价值认同，拥有许多超越时空的治理经验

和民族基因。推进城市社区法治文化建设，应着力传承好中华优秀传统法律文化。一是深入挖掘和传承城市社区文化中的传统法律文化精华。习近平总书记指出：“要注意研究我国古代法制传统和成败得失，挖掘和传承中华法律文化精华，汲取营养、择善而用。”中华五千多年的文明历史留下了丰富的法律文化遗产，如“民为邦本、明德慎罚、息诉无讼”“奉法者强则国强，奉法者弱则国弱”“自古皆有死，民无信不立”等思想和文化精神，这些法律文化遗产仍源源不断地为社会主义法治文化建设提供养分。城市社区法治文化建设中，应深入挖掘城市社区的法治文化内涵，注重在城市社区法治文化建设中，对中华优秀传统法律文化精华深入阐释、宣传普及、转化运用。二是注重中华优秀传统法律文化在城市社区法治化治理中的创造性转化和创新性发展。求木之长者，必固其根本；欲流之远者，必浚其泉源。城市社区法治文化建设要以传承中华优秀传统法律文化作为立足点，为不断增强社区居民的法治理念、法治素养和道德素质提供源源不断的传统优秀法律文化滋养。具体来说，城市社区法治文化是一种规则导向，它能引领凝聚基层干部群众在依法治理中树立规则意识、规范行为方式、保障合法权益，形成尊法学法守法用法的行为习惯和良好风尚。城市社区法治文化是一种守法精神，它能教育塑造基层干部群众在依法治理中培育法治信仰、模范遵守法律、敬畏法治权威，确立法律就是社会治理的最大规矩和最后底线。城市社区法治文化是一种向善力量，它能感染激励基层干部群众在依法治理中形成从众效应、弘扬新风正气、共享法治成果，实现以人为本、保障人权的最大共识和最佳效果。

（二）持续推进城市社区法治文化建设，培育和践行社会主义核心价值观

持续推进城市社区法治文化建设，需要通过着力培育和践行社会主义核心价值观，让法治信仰、法治意识、法治观念、法治思维在社区牢固树立起来。对此，习近平总书记指出，“提高全体人民特别是各级领导干部和国家机关工作人员的宪法意识和法制观念，弘扬社会主义法治精神，努力培育社会主义法治文化”。培育和践行社会主义核心价值观和加强城市社区法治文化建设具有相互促进、有机统一的紧密逻辑关系。《关于加强社会主义法治文化建设的意见》提出，“坚持法安天下、德润人心，把社会主义核心价值观融入社会主义法治文化建设全过程各方面，实现法治和德治相辅相成、相得益彰”。社会主义核心价值观不仅本身就包含法治内容，其基本理念和精神也是与社会主义法治文化相通的。把社会主义核心价值观融入城市社区法治文化建设的一个关键步骤，着力点就是将其贯穿城市社区法治化治理的各个环节。一是在自治规约制定中，把社会主义核心价值观相关要求上升为规范内容，充分发挥软法的规范、引导、保障、促进作用，形成有利于培育和践行社会主义核心价值观的良好社区法治环境。二是在基层执法过程中，要将文明和谐的社会主义核心价值观要求融入基层执法全过程，坚持全面推进严格规范公正文明执法，以文明执法体现执法的温度，以文明执法构建和谐的执法关系。在坚持严格执法的同时彰显执法的人性化，引导和支持人们合理合法表达利益诉求，使城市社区法治化治理的过程成为培育和践行社会主义核心价值观的过程。三是在社区矫正过程中，要将公正这一社会主义核心价值观要求体现在社会化刑罚执行的全

过程，探索创新社区矫正工作模式，构建社区矫正工作新发展格局，在提升司法权威的同时弘扬法治文化。四是在守法过程中，将诚信、友善融入社区民众的日常生活，倡导德治，注重家庭、注重家教、注重家风，使家庭成为社区发展、社区进步、社区和谐的重要基础，从而促进实现社区善治的目标，建构以美好生活为取向的现代都市生活。① 同时完善自治规约实施力度，在基层法治化治理中彰显社会主义核心价值观，使正确行为得到鼓励、错误行为受到谴责。

（三）持续推进城市社区法治文化建设，着力夯实城市社区法治文化宣传载体

城市社区法治文化建设的关键是让社区居民树立起法治观念、法治信仰。为此，必须加强城市社区法治文化宣传教育，着力夯实城市社区法治文化宣传载体，有效提升城市社区法治文化阵地建设质量，推动从有形覆盖向有效覆盖转变。一是以习近平文化思想作为夯实城市社区法治文化宣传载体的根本的思想遵循和方法指引。持续推进城市社区法治文化建设，应着力夯实城市社区法治文化宣传载体，立足社区实际，坚持以习近平文化思想“七个着力”为指引，不断提高城市社区法治文化宣传的传播力、引导力、影响力、公信力，将城市社区法治文化宣传阵地作为扩大社区法治文化覆盖面的有效载体，创新社区法治文化宣传形式、拓宽领域、丰富内容，多措并举推进阵地建设，不断增强社区法治文化对广大人民群众的影响力、渗透力和感染力。二是将城市社区法治文化长廊作为夯实城市社区法治文化宣传载体的有力抓手。充分利用城市社区法治文

① 任政：《社会都市化与现代生活图景——兼论列斐伏尔现代都市生活的批判与反思》，载《国外社会科学》2020 年第 1 期。

化长廊这一实体阵地培育、承载、展示、宣传城市社区法治文化的优势，有效实现以法律人、以文化人的目标。法治文化宣传长廊作为基层重要的法治宣传阵地，要将多种法治文化宣传元素融入群众日常生活，更好地满足社区民众多样性、多层次、多领域的法治需求，以营造浓厚的城市社区法治文化宣传氛围。三是不断丰富城市社区法治文化宣传的内容。法治文化宣传长廊应当将宪法、民法典、人民调解法、法治建设等与社区居民生活息息相关的法律作为集中展示的基本内容，通过醒目的图片、事例、法条等多种形式让民众更加直观地了解和学习法律知识，有效提高社区居民的法治素养，增强社区居民对法治的认同感。同时，要不断将法治文化宣传长廊打造成集知识传播、交流互动于一体的共享空间，居民们通过参观长廊、交流互动、探讨问题等方式，学习传递法律常识和法治理念，更好地养成学法知法尊法守法的良好习惯，形成基层社会办事依法、遇事找法、解决问题用法、化解矛盾靠法的法治环境。

结　语

推进国家治理体系和治理能力现代化建设要求全面依法治国，在此背景下，法治已成为城市社区善治的基本要素，对城市社区进行法治化治理就成为多元治理主体对城市社区合作共治进而实现城市社区治理现代化的必然选择。对城市社区治理法治体系进行全局性研究，容易发现城市社区治理中存在的缺乏完备的城市社区治理规范体系、城市社区行政化倾向制约治理成效、城市社区法治人才队伍有待充足、社区法治资源难以满足治理需求、城市社区治理法治文化有待提升等问题，能够更清晰地看到城市社区治理各参与主体在城市社区治理中的角色定位及其面临的困境，并对这些问题给予全面性的应对。

我国“十四五”规划指出，要“加快建设现代社区”，到2035年将“基本建成法治国家、法治政府、法治社会”，《“十四五”城乡社区服务体系建设规划》进一步在“组织保障”中以“法治支撑”专节的形式，对法治在推进社区服务体系建设的重要作用进行规定，并将《城市居民委员会组织法》等法律法规的修订工作作为首项任务，使社区“减负增效”，从而有更多的时间来服务社区群众。可以说，法治化是现代社区高品质建设发展与治理创新的重要方向。由于我国城市社区类型复杂多样、不同社区治理水平差异悬殊等，城市社区法治化治理模式在解决现实社区治理诸多实际问题时，也面临重重困难。尽管如此，法治作为一种理性思维、一种价值导向、一种生活方式，作为城市社区治理现代化的关键、基本要求与重要手段，在我国现代社区建设当中必将发挥重要作用。在推进基层治理体系与治理能力现代化进程中，城市社区治理法治化如何突破社区治理实践中的“瓶颈”，在加强法律制度供给，健全城市社区治理法律制度体系；优化基层治理机制，理顺多元治理主体协同治理关系；推进人才队伍建设，完善城市社区治理法治人才体系；统筹整合法治资源，夯实城市社区治理法治保障体系；注重法治文化培育，强化城市社区治理法治文化作用等方面仍然有待深入研究。

附　录

中共中央　国务院关于加强和完善城乡社区治理的意见

（2017年6月12日）

城乡社区是社会治理的基本单元。城乡社区治理事关党和国家大政方针贯彻落实，事关居民群众切身利益，事关城乡基层和谐稳定。为实现党领导下的政府治理和社会调节、居民自治良性互动，全面提升城乡社区治理法治化、科学化、精细化水平和组织化程度，促进城乡社区治理体系和治理能力现代化，现就加强和完善城乡社区治理提出以下意见。

一、总体要求

（一）指导思想。全面贯彻党的十八大和十八届三中、四中、五中、六中全会精神，坚持以邓小平理论、“三个代表”重要思想、科学发展观为指导，深入贯彻习近平总书记系列重要讲话精神和治国理政新理念新思想新战略，紧紧围绕统筹推进“五位一体”总体布局和协调推进“四个全面”战略布局，坚持以基层党组织建设为关键、政府治理为主导、居民需求为导向、改革创新为动力，健全体系、整合资源、增强能力，完善城乡社区治理体制，努力把城乡社区建设成为和谐有序、绿色文明、创新包容、共建共享的幸福家园，为实现“两个一百年”奋斗目标和中华民族伟大复兴的中国梦提供可靠保证。

（二）基本原则

——坚持党的领导，固本强基。加强党对城乡社区治理工作的领导，推进城乡社区基层党组织建设，切实发挥基层党组织领导核心作用，带领群众坚定不移贯彻党的理论和路线方针政策，确保城乡社区治理始终保持正确政治方向。

——坚持以人为本，服务居民。坚持以人民为中心的发展思想，把服务居民、造福居民作为城乡社区治理的出发点和落脚点，坚持依靠居民、依法有序组织居民群众参与社区治理，实现人人参与、人人尽力、人人共享。

——坚持改革创新，依法治理。强化问题导向和底线思维，积极推进城乡社区治理理论创新、实践创新、制度创新。弘扬社会主义法治精神，坚持运用法治思维和法治方式推进改革，建立惩恶扬善长效机制，破解城乡社区治理难题。

——坚持城乡统筹，协调发展。适应城乡发展一体化和基本公共服务均等化要求，促进公共资源在城乡间均衡配置。统筹谋划城乡社区治理工作，注重以城带乡、以乡促城、优势互补、共同提高，促进城乡社区治理协调发展。

——坚持因地制宜，突出特色。推动各地立足自身资源禀赋、基础条件、人文特色等实际，确定加强和完善城乡社区治理的发展思路和推进策略，实现顶层设计和基层实践有机结合，加快形成既有共性又有特色的城乡社区治理模式。

（三）总体目标。到2020年，基本形成基层党组织领导、基层政府主导的多方参与、共同治理的城乡社区治理体系，城乡社区治理体制更加完善，城乡社区治理能力显著提升，城乡社区公共服务、公共管理、公共安全得到有效保障。再过5到10年，城乡社区治理体制更加成熟定型，城乡社区治理能力更为精准全面，为夯实党的执政根基、巩固基层政权提供有力支撑，为推进国家治理体系和治理能力现代化奠定坚实基础。

二、健全完善城乡社区治理体系

（一）充分发挥基层党组织领导核心作用。把加强基层党的建设、巩固党的执政基础作为贯穿社会治理和基层建设的主线，以改革创新精神探索加强基层党的建设引领社会治理的路径。加强和改进街道（乡镇）、城乡社区党组织对社区各类组织和各项工作的领导，确保党的路线方针政策在城乡社区全面贯彻落实。推动管理和服务力量下沉，引导基层党组织强化政治功能，聚焦主业主责，推动街道（乡镇）党（工）委把工作重心转移到基层党组织建设上来，转移到做好公共服务、公共管理、公共安全工作上来，转移到为经济社会发展提供良好公共环境上来。加强社区服务型党组织建设，着力提升服务能力和水平，更好地服务改革、服务发展、服务民生、服务群众、服务党员。继续推进街道（乡镇）、城乡社区与驻社区单位共建互补，深入拓展区域化党建。扩大城市新兴领域党建工作覆盖，推进商务楼宇、各类园区、商圈市场、网络媒体等的党建覆盖。健全社区党组织领导基层群众性自治组织开展工作的相关制度，依法组织居民开展自治，及时帮助解决基层群众自治中存在的困难和问题。加强城乡社区党风廉政建设，推动全面从严治党向城乡社区延伸，切实解决居民群众身边的腐败问题。

（二）有效发挥基层政府主导作用。各省（自治区、直辖市）按照条块结合、以块为主的原则，制定区县职能部门、街道办事处（乡镇政府）在社区治理方面的权责清单；依法厘清街道办事处（乡镇政府）和基层群众性自治组织权责边界，明确基层群众性自治组织承担的社区工作事项清单以及协助政府的社区工作事项清单；上述社区工作事项之外的其他事项，街道办事处（乡镇政府）可通过向基层群众性自治组织等购买服务方式提供。建立街道办事处（乡镇政府）和基层群众性自治组织履职履约双向评价机制。基层政府要切实履行城乡社区治理主导职责，加强对城乡社区治理的政策支持、财力物力保障和能力建设指导，加强对基层群众性自治组织建设的指导规范，不断提高依法指导城乡社区治理的能力和水平。

（三）注重发挥基层群众性自治组织基础作用。进一步加强基层群众性自治组织规范化建设，合理确定其管辖范围和规模。促进基层群众自治与网格化服务管理有效衔接。加快工矿企业所在地、国有农（林）场、城市新建住宅区、流动人口聚居地的社区居民委员会组建工作。完善城乡社区民主选举制度，进一步规范民主选举程序，通过依法选举稳步提高城市社区居民委员会成员中本社区居民比例，切实保障外出务工农民民主选举权利。进一步增强基层群众性自治组织开展社区协商、服务社区居民的能力。建立健全居务监督委员会，推进居务公开和民主管理。充分发挥自治章程、村规民约、居民公约在城乡社区治理中的积极作用，弘扬公序良俗，促进法治、德治、自治有机融合。

（四）统筹发挥社会力量协同作用。制定完善孵化培育、人才引进、资金支持等扶持政策，落实税费优惠政策，大力发展在城乡社区开展纠纷调解、健康养老、教育培训、公益慈善、防灾减灾、文体娱乐、邻里互助、居民融入及农村生产技术服务等活动的社区社会组织和其他社会组织。推进社区、社会组织、社会工作“三社联动”，完善社区组织发现居民需求、统筹设计服务项目、支持社会组织承接、引导专业社会工作团队参与的工作体系。鼓励和支持建立社区老年协会，搭建老年人参与社区治理的平台。增强农村集体经济组织支持农村社区建设能力。积极引导驻社区机关企事业单位、其他社会力量和市场主体参与社区治理。

三、不断提升城乡社区治理水平

（一）增强社区居民参与能力。提高社区居民议事协商能力，凡涉及城乡社区公共利益的重大决策事项、关乎居民群众切身利益的实际困难问题和矛盾纠纷，原则上由社区党组织、基层群众性自治组织牵头，组织居民群众协商解决。支持和帮助居民群众养成协商意识、掌握协商方法、提高协商能力，推动形成既有民主又有集中、既尊重多数人意愿又保护少数人合法权益的城乡社区协商机制。探索将居民群众参与社区治理、维护公共利益情况纳入社会信用体系。推动学校普及社区知识，参与社区治理。拓展流动人口有序参与居住地社区治理渠道，丰富流动人口社区生活，促进流动人口社区融入。

（二）提高社区服务供给能力。加快城乡社区公共服务体系建设，健全城乡社区服务机构，编制城乡社区公共服务指导目录，做好与城乡社区居民利益密切相关的劳动就业、社会保障、卫生计生、教育事业、社会服务、住房保障、文化体育、公共安全、公共法律服务、调解仲裁等公共服务事项。着力增加农村社区公共服务供给，促进城乡社区服务项目、标准相衔接，逐步实现均等化。将城乡社区服务纳入政府购买服务指导性目录，完善政府购买服务政策措施，按照有关规定选择承接主体。创新城乡社区公共服务供给方式，推行首问负责、一窗受理、全程代办、服务承诺等制度。提升城乡社区医疗卫生服务能力和水平，更好满足居民群众基本医疗卫生服务需求。探索建立社区公共空间综合利用机制，合理规划建设文化、体育、商业、物流等自助服务设施。积极开展以生产互助、养老互助、救济互助等为主要形式的农村社区互助活动。鼓励和引导各类市场主体参与社区服务业，支持供销合作社经营服务网点向城乡社区延伸。

（三）强化社区文化引领能力。以培育和践行社会主义核心价值观为根本，大力弘扬中华优秀传统文化，培育心口相传的城乡社区精神，增强居民群众的社区认同感、归属感、责任感和荣誉感。将社会主义核心价值观融入居民公约、村规民约，内化为居民群众的道德情感，外化为服务社会的自觉行动。重视发挥道德教化作用，建立健全社区道德评议机制，发现和宣传社区道德模范、好人好事，大力褒奖善行义举，用身边事教育身边人，引导社区居民崇德向善。组织居民群众开展文明家庭创建活动，发展社区志愿服务，倡导移风易俗，形成与邻为善、以邻为伴、守望相助的良好社区氛围。不断加强民族团结，建立各民族相互嵌入式的社会结构和社区环境，创建民族团结进步示范社区。加强城乡社区公共文化服务体系建设，提升公共文化服务水平，因地制宜设置村史陈列、非物质文化遗产等特色文化展示设施，突出乡土特色、民族特色。积极发展社区教育，建立健全城乡一体的社区教育网络，推进学习型社区建设。

（四）增强社区依法办事能力。进一步加快城乡社区治理法治建设步伐，加快修订《中华人民共和国城市居民委员会组织法》，贯彻落实《中华人民共和国村民委员会组织法》，研究制定社区治理相关行政法规。有立法权的地方要结合当地实际，出台城乡社区治理地方性法规和地方政府规章。推进法治社区建设，发挥警官、法官、检察官、律师、公证员、基层法律服务工作者作用，深入开展法治宣传教育和法律进社区活动，推进覆盖城乡居民的公共法律服务体系建设。

（五）提升社区矛盾预防化解能力。完善利益表达机制，建立党代会代表、人大代表、政协委员联系社区制度，完善党员干部直接联系群众制度，引导群众理性合法表达利益诉求。完善心理疏导机制，依托社会工作服务机构等专业社会组织，加强对城乡社区社会救助对象、建档立卡贫困人口、困境儿童、精神障碍患者、社区服刑人员、刑满释放人员和留守儿童、妇女、老人等群体的人文关怀、精神慰藉和心理健康服务，重点加强老少边穷地区农村社区相关机制建设。完善矛盾纠纷调处机制，健全城乡社区人民调解组织网络，引导人民调解员、基层法律服务工作者、农村土地承包仲裁员、社会工作者、心理咨询师等专业队伍，在物业纠纷、农村土地承包经营纠纷、家事纠纷、邻里纠纷调解和信访化解等领域发挥积极作用。推进平安社区建设，依托社区综治中心，拓展网格化服务管理，加强城乡社区治安防控网建设，深化城乡社区警务战略，全面提高社区治安综合治理水平，防范打击黑恶势力扰乱基层治理。

（六）增强社区信息化应用能力。提高城乡社区信息基础设施和技术装备水平，加强一体化社区信息服务站、社区信息亭、社区信息服务自助终端等公益性信息服务设施建设。依托“互联网＋政务服务”相关重点工程，加快城乡社区公共服务综合信息平台建设，实现一号申请、一窗受理、一网通办，强化“一门式”服务模式的社区应用。实施“互联网＋社区”行动计划，加快互联网与社区治理和服务体系的深度融合，运用社区论坛、微博、微信、移动客户端等新媒体，引导社区居民密切日常交往、参与公共事务、开展协商活动、组织邻里互助，探索网络化社区治理和服务新模式。发展社区电子商务。按照分级分类推进新型智慧城市建设要求，务实推进智慧社区信息系统建设，积极开发智慧社区移动客户端，实现服务项目、资源和信息的多平台交互和多终端同步。加强农村社区信息化建设，结合信息进村入户和电子商务进农村综合示范，积极发展农产品销售等农民致富服务项目，积极实施“网络扶贫行动计划”，推动扶贫开发兜底政策落地。

四、着力补齐城乡社区治理短板

（一）改善社区人居环境。完善城乡社区基础设施，建立健全农村社区基础设施和公用设施的投资、建设、运行、管护和综合利用机制。加快城镇棚户区、城中村和危房改造。加强城乡社区环境综合治理，做好城市社区绿化美化净化、垃圾分类处理、噪声污染治理、水资源再生利用等工作，着力解决农村社区垃圾收集、污水排放、秸秆焚烧以及散埋乱葬等问题，广泛发动居民群众和驻社区机关企事业单位参与环保活动，建设资源节约型、环境友好型社区。推进健康城市和健康村镇建设。强化社区风险防范预案管理，加强社区应急避难场所建设，开展社区防灾减灾科普宣传教育，有序组织开展社区应对突发事件应急演练，提高对自然灾害、事故灾难、公共卫生事件、社会安全事件的预防和处置能力。加强消防宣传和消防治理，提高火灾事故防范和处置能力，推进消防安全社区建设。

（二）加快社区综合服务设施建设。将城乡社区综合服务设施建设纳入当地国民经济和社会发展规划、城乡规划、土地利用规划等，按照每百户居民拥有综合服务设施面积不低于30平方米的标准，以新建、改造、购买、项目配套和整合共享等形式，逐步实现城乡社区综合服务设施全覆盖。加快贫困地区农村社区综合服务设施建设，率先推动易地搬迁安置区综合服务设施建设全覆盖。落实不动产统一登记制度，做好政府投资建设的城乡社区综合服务设施不动产登记服务工作。除国家另有规定外，所有以社区居民为对象的公共服务、志愿服务、专业社会工作服务，原则上在城乡社区综合服务设施中提供。创新城乡社区综合服务设施运营机制，通过居民群众协商管理、委托社会组织运营等方式，提高城乡社区综合服务设施利用率。落实城乡社区综合服务设施供暖、水电、燃气价格优惠政策。

（三）优化社区资源配置。组织开展城乡社区规划编制试点，落实城市总体规划要求，加强与控制性详细规划、村庄规划衔接；发挥社区规划专业人才作用，广泛吸纳居民群众参与，科学确定社区发展项目、建设任务和资源需求。探索建立基层政府面向城乡社区的治理资源统筹机制，推动人财物和责权利对称下沉到城乡社区，增强城乡社区统筹使用人财物等资源的自主权。探索基层政府组织社区居民在社区资源配置公共政策决策和执行过程中，有序参与听证、开展民主评议的机制。建立机关企事业单位履行社区治理责任评价体系，推动机关企事业单位积极参与城乡社区服务、环境治理、社区治安综合治理等活动，面向城乡社区开放文化、教育、体育等活动设施。注重运用市场机制优化社区资源配置。

（四）推进社区减负增效。依据社区工作事项清单建立社区工作事项准入制度，应当由基层政府履行的法定职责，不得要求基层群众性自治组织承担，不得将基层群众性自治组织作为行政执法、拆迁拆违、环境整治、城市管理、招商引资等事项的责任主体；依法需要基层群众性自治组织协助的工作事项，应当为其提供经费和必要工作条件。进一步清理规范基层政府各职能部门在社区设立的工作机构和加挂的各种牌子，精简社区会议和工作台账，全面清理基层政府各职能部门要求基层群众性自治组织出具的各类证明。实行基层政府统一对社区工作进行综合考核评比，各职能部门不再单独组织考核评比活动，取消对社区工作的“一票否决”事项。

（五）改进社区物业服务管理。加强社区党组织、社区居民委员会对业主委员会和物业服务企业的指导和监督，建立健全社区党组织、社区居民委员会、业主委员会和物业服务企业议事协调机制。探索在社区居民委员会下设环境和物业管理委员会，督促业主委员会和物业服务企业履行职责。探索完善业主委员会的职能，依法保护业主的合法权益。探索符合条件的社区居民委员会成员通过法定程序兼任业主委员会成员。探索在无物业管理的老旧小区依托社区居民委员会实行自治管理。有条件的地方应规范农村社区物业管理，研究制定物业管理费管理办法；探索在农村社区选聘物业服务企业，提供社区物业服务。探索建立社区微型消防站或志愿消防队。

五、强化组织保障

（一）完善领导体制和工作机制。各级党委和政府要把城乡社区治理工作纳入重要议事日程，完善党委和政府统一领导，有关部门和群团组织密切配合，社会力量广泛参与的城乡社区治理工作格局。完善中央层面城乡社区治理工作协调机制，地方各级党委和政府要建立健全相应工作机制，抓好统筹指导、组织协调、资源整合和督促检查。各省（自治区、直辖市）党委和政府要建立研究决定城乡社区治理工作重大事项制度，定期研究城乡社区治理工作。市县党委书记要认真履行第一责任人职责，街道党工委书记、乡镇党委书记要履行好直接责任人职责。要把城乡社区治理工作纳入地方党政领导班子和领导干部政绩考核指标体系，纳入市县乡党委书记抓基层党建工作述职评议考核。逐步建立以社区居民满意度为主要衡量标准的社区治理评价体系和评价结果公开机制。

（二）加大资金投入力度。加大财政保障力度，统筹使用各级各部门投入城乡社区的符合条件的相关资金，提高资金使用效率，重点支持做好城乡社区治理各项工作。老少边穷地区应根据当地发展水平，统筹中央财政一般性转移支付等现有资金渠道，支持做好城乡社区建设工作。不断拓宽城乡社区治理资金筹集渠道，鼓励通过慈善捐赠、设立社区基金会等方式，引导社会资金投向城乡社区治理领域。创新城乡社区治理资金使用机制，有序引导居民群众参与确定资金使用方向和服务项目，全过程监督服务项目实施和资金使用。

（三）加强社区工作者队伍建设。将社区工作者队伍建设纳入国家和地方人才发展规划，地方要结合实际制定社区工作者队伍发展专项规划和社区工作者管理办法，把城乡社区党组织、基层群众性自治组织成员以及其他社区专职工作人员纳入社区工作者队伍统筹管理，建设一支素质优良的专业化社区工作者队伍。加强城乡社区党组织带头人队伍建设，选优配强社区党组织书记，加大从社区党组织书记中招录公务员和事业编制人员力度，注重把优秀社区党组织书记选拔到街道（乡镇）领导岗位，推动符合条件的社区党组织书记或班子成员通过依法选举担任基层群众性自治组织负责人或成员。社区专职工作人员由基层政府职能部门根据工作需要设岗招聘，街道办事处（乡镇政府）统一管理，社区组织统筹使用。加强对社区工作者的教育培训，提高其依法办事、执行政策和服务居民能力，支持其参加社会工作职业资格评价和学历教育等，对获得社会工作职业资格的给予职业津贴。加强社区工作者作风建设，建立群众满意度占主要权重的社区工作者评价机制，探索建立容错纠错机制和奖惩机制，调动社区工作者实干创业、改革创新热情。

（四）完善政策标准体系和激励宣传机制。加强城乡社区治理工作理论政策研究，做好城乡社区发展规划编制工作，制定“三社联动”机制建设、政府购买城乡社区服务等相关配套政策。加快建立城乡社区治理标准体系，研究制定城乡社区组织、社区服务、社区信息化建设等方面基础通用标准、管理服务标准和设施设备配置标准。及时总结推广城乡社区治理先进经验，积极开展城市和谐社区建设、农村幸福社区建设示范创建活动和城乡社区结对共建活动，大力表彰先进城乡社区组织和优秀城乡社区工作者。充分发挥报刊、广播、电视等新闻媒体和网络新媒体作用，广泛宣传城乡社区治理创新做法和突出成效，营造全社会关心、支持、参与城乡社区治理的良好氛围。

各省（自治区、直辖市）要按照本意见精神，结合实际制定加强城乡社区治理工作的具体实施意见。各有关部门要根据本意见要求和职责分工，制定贯彻落实的具体措施。

中华人民共和国城市居民委员会组织法

（1989 年 12 月 26 日第七届全国人民代表大会常务委员会第十一次会议通过　根据 2018 年 12 月 29 日第十三届全国人民代表大会常务委员会第七次会议《关于修改〈中华人民共和国村民委员会组织法〉〈中华人民共和国城市居民委员会组织法〉的决定》修正）

第一条　为了加强城市居民委员会的建设，由城市居民群众依法办理群众自己的事情，促进城市基层社会主义民主和城市社会主义物质文明、精神文明建设的发展，根据宪法，制定本法。

第二条　居民委员会是居民自我管理、自我教育、自我服务的基层群众性自治组织。

不设区的市、市辖区的人民政府或者它的派出机关对居民委员会的工作给予指导、支持和帮助。居民委员会协助不设区的市、市辖区的人民政府或者它的派出机关开展工作。

第三条　居民委员会的任务：

（一）宣传宪法、法律、法规和国家的政策，维护居民的合法权益，教育居民履行依法应尽的义务，爱护公共财产，开展多种形式的社会主义精神文明建设活动；

（二）办理本居住地区居民的公共事务和公益事业；

（三）调解民间纠纷；

（四）协助维护社会治安；

（五）协助人民政府或者它的派出机关做好与居民利益有关的公共卫生、计划生育、优抚救济、青少年教育等项工作；

（六）向人民政府或者它的派出机关反映居民的意见、要求和提出建议。

第四条　居民委员会应当开展便民利民的社区服务活动，可以兴办有关的服务事业。

居民委员会管理本居民委员会的财产，任何部门和单位不得侵犯居民委员会的财产所有权。

第五条　多民族居住地区的居民委员会，应当教育居民互相帮助，互相尊重，加强民族团结。

第六条　居民委员会根据居民居住状况，按照便于居民自治的原则，一般在一百户至七百户的范围内设立。

居民委员会的设立、撤销、规模调整，由不设区的市、市辖区的人民政府决定。

第七条　居民委员会由主任、副主任和委员共五至九人组成。多民族居住地区，居民委员会中应当有人数较少的民族的成员。

第八条 居民委员会主任、副主任和委员，由本居住地区全体有选举权的居民或者由每户派代表选举产生；根据居民意见，也可以由每个居民小组选举代表二至三人选举产生。居民委员会每届任期五年，其成员可以连选连任。

年满十八周岁的本居住地区居民，不分民族、种族、性别、职业、家庭出身、宗教信仰、教育程度、财产状况、居住期限，都有选举权和被选举权；但是，依照法律被剥夺政治权利的人除外。

第九条 居民会议由十八周岁以上的居民组成。

居民会议可以由全体十八周岁以上的居民或者每户派代表参加，也可以由每个居民小组选举代表二至三人参加。

居民会议必须有全体十八周岁以上的居民、户的代表或者居民小组选举的代表的过半数出席，才能举行。会议的决定，由出席人的过半数通过。

第十条 居民委员会向居民会议负责并报告工作。

居民会议由居民委员会召集和主持。有五分之一以上的十八周岁以上的居民、五分之一以上的户或者三分之一以上的居民小组提议，应当召集居民会议。涉及全体居民利益的重要问题，居民委员会必须提请居民会议讨论决定。

居民会议有权撤换和补选居民委员会成员。

第十一条 居民委员会决定问题，采取少数服从多数的原则。

居民委员会进行工作，应当采取民主的方法，不得强迫命令。

第十二条 居民委员会成员应当遵守宪法、法律、法规和国家的政策，办事公道，热心为居民服务。

第十三条 居民委员会根据需要设人民调解、治安保卫、公共卫生等委员会。居民委员会成员可以兼任下属的委员会的成员。居民较少的居民委员会可以不设下属的委员会，由居民委员会的成员分工负责有关工作。

第十四条　居民委员会可以分设若干居民小组，小组长由居民小组推选。

第十五条　居民公约由居民会议讨论制定，报不设区的市、市辖区的人民政府或者它的派出机关备案，由居民委员会监督执行。居民应当遵守居民会议的决议和居民公约。

居民公约的内容不得与宪法、法律、法规和国家的政策相抵触。

第十六条　居民委员会办理本居住地区公益事业所需的费用，经居民会议讨论决定，可以根据自愿原则向居民筹集，也可以向本居住地区的受益单位筹集，但是必须经受益单位同意；收支帐目应当及时公布，接受居民监督。

第十七条　居民委员会的工作经费和来源，居民委员会成员的生活补贴费的范围、标准和来源，由不设区的市、市辖区的人民政府或者上级人民政府规定并拨付；经居民会议同意，可以从居民委员会的经济收入中给予适当补助。

居民委员会的办公用房，由当地人民政府统筹解决。

第十八条　依照法律被剥夺政治权利的人编入居民小组，居民委员会应当对他们进行监督和教育。

第十九条　机关、团体、部队、企业事业组织，不参加所在地的居民委员会，但是应当支持所在地的居民委员会的工作。所在地的居民委员会讨论同这些单位有关的问题，需要他们参加会议时，他们应当派代表参加，并且遵守居民委员会的有关决定和居民公约。

前款所列单位的职工及家属、军人及随军家属，参加居住地区的居民委员会；其家属聚居区可以单独成立家属委员会，承担居民委员会的工作，在不设区的市、市辖区的人民政府或者它的派出机关和本单位的指导下进行工作。家属委员会的工作经费和家属委员会成员的生活补贴费、办公用房，由所属单位解决。

第二十条 市、市辖区的人民政府有关部门，需要居民委员会或者它的下属委员会协助进行的工作，应当经市、市辖区的人民政府或者它的派出机关同意并统一安排。市、市辖区的人民政府的有关部门，可以对居民委员会有关的下属委员会进行业务指导。

第二十一条 本法适用于乡、民族乡、镇的人民政府所在地设立的居民委员会。

第二十二条 省、自治区、直辖市的人民代表大会常务委员会可以根据本法制定实施办法。

第二十三条 本法自1990年1月1日起施行。1954年12月31日全国人民代表大会常务委员会通过的《城市居民委员会组织条例》同时废止。

中华人民共和国社区矫正法

（2019年12月28日第十三届全国人民代表大会常务委员会第十五次会议通过　2019年12月28日中华人民共和国主席令第40号公布　自2000年7月1日起施行）

目　　录

第一章　总　　则
第二章　机构、人员和职责

第三章　决定和接收
第四章　监督管理
第五章　教育帮扶
第六章　解除和终止
第七章　未成年人社区矫正特别规定
第八章　法律责任
第九章　附　　则

第一章　总　　则

第一条　为了推进和规范社区矫正工作，保障刑事判决、刑事裁定和暂予监外执行决定的正确执行，提高教育矫正质量，促进社区矫正对象顺利融入社会，预防和减少犯罪，根据宪法，制定本法。

第二条　对被判处管制、宣告缓刑、假释和暂予监外执行的罪犯，依法实行社区矫正。

对社区矫正对象的监督管理、教育帮扶等活动，适用本法。

第三条　社区矫正工作坚持监督管理与教育帮扶相结合，专门机关与社会力量相结合，采取分类管理、个别化矫正，有针对性地消除社区矫正对象可能重新犯罪的因素，帮助其成为守法公民。

第四条　社区矫正对象应当依法接受社区矫正，服从监督管理。

社区矫正工作应当依法进行，尊重和保障人权。社区矫正对象依法享有的人身权利、财产权利和其他权利不受侵犯，在就业、就学和享受社会保障等方面不受歧视。

第五条　国家支持社区矫正机构提高信息化水平，运用现代信息技术开展监督管理和教育帮扶。社区矫正工作相关部门之间依法进行信息共享。

第六条 各级人民政府应当将社区矫正经费列入本级政府预算。

居民委员会、村民委员会和其他社会组织依法协助社区矫正机构开展工作所需的经费应当按照规定列入社区矫正机构本级政府预算。

第七条 对在社区矫正工作中做出突出贡献的组织、个人，按照国家有关规定给予表彰、奖励。

第二章 机构、人员和职责

第八条 国务院司法行政部门主管全国的社区矫正工作。县级以上地方人民政府司法行政部门主管本行政区域内的社区矫正工作。

人民法院、人民检察院、公安机关和其他有关部门依照各自职责，依法做好社区矫正工作。人民检察院依法对社区矫正工作实行法律监督。

地方人民政府根据需要设立社区矫正委员会，负责统筹协调和指导本行政区域内的社区矫正工作。

第九条 县级以上地方人民政府根据需要设置社区矫正机构，负责社区矫正工作的具体实施。社区矫正机构的设置和撤销，由县级以上地方人民政府司法行政部门提出意见，按照规定的权限和程序审批。

司法所根据社区矫正机构的委托，承担社区矫正相关工作。

第十条 社区矫正机构应当配备具有法律等专业知识的专门国家工作人员（以下称社区矫正机构工作人员），履行监督管理、教育帮扶等执法职责。

第十一条 社区矫正机构根据需要，组织具有法律、教育、心理、社会工作等专业知识或者实践经验的社会工作者开展社区矫正相关工作。

第十二条　居民委员会、村民委员会依法协助社区矫正机构做好社区矫正工作。

社区矫正对象的监护人、家庭成员，所在单位或者就读学校应当协助社区矫正机构做好社区矫正工作。

第十三条　国家鼓励、支持企业事业单位、社会组织、志愿者等社会力量依法参与社区矫正工作。

第十四条　社区矫正机构工作人员应当严格遵守宪法和法律，忠于职守，严守纪律，清正廉洁。

第十五条　社区矫正机构工作人员和其他参与社区矫正工作的人员依法开展社区矫正工作，受法律保护。

第十六条　国家推进高素质的社区矫正工作队伍建设。社区矫正机构应当加强对社区矫正工作人员的管理、监督、培训和职业保障，不断提高社区矫正工作的规范化、专业化水平。

第三章　决定和接收

第十七条　社区矫正决定机关判处管制、宣告缓刑、裁定假释、决定或者批准暂予监外执行时应当确定社区矫正执行地。

社区矫正执行地为社区矫正对象的居住地。社区矫正对象在多个地方居住的，可以确定经常居住地为执行地。

社区矫正对象的居住地、经常居住地无法确定或者不适宜执行社区矫正的，社区矫正决定机关应当根据有利于社区矫正对象接受矫正、更好地融入社会的原则，确定执行地。

本法所称社区矫正决定机关，是指依法判处管制、宣告缓刑、裁定假释、决定暂予监外执行的人民法院和依法批准暂予监外执行的监狱管理机关、公安机关。

第十八条 社区矫正决定机关根据需要，可以委托社区矫正机构或者有关社会组织对被告人或者罪犯的社会危险性和对所居住社区的影响，进行调查评估，提出意见，供决定社区矫正时参考。居民委员会、村民委员会等组织应当提供必要的协助。

第十九条 社区矫正决定机关判处管制、宣告缓刑、裁定假释、决定或者批准暂予监外执行，应当按照刑法、刑事诉讼法等法律规定的条件和程序进行。

社区矫正决定机关应当对社区矫正对象进行教育，告知其在社区矫正期间应当遵守的规定以及违反规定的法律后果，责令其按时报到。

第二十条 社区矫正决定机关应当自判决、裁定或者决定生效之日起五日内通知执行地社区矫正机构，并在十日内送达有关法律文书，同时抄送人民检察院和执行地公安机关。社区矫正决定地与执行地不在同一地方的，由执行地社区矫正机构将法律文书转送所在地的人民检察院、公安机关。

第二十一条 人民法院判处管制、宣告缓刑、裁定假释的社区矫正对象，应当自判决、裁定生效之日起十日内到执行地社区矫正机构报到。

人民法院决定暂予监外执行的社区矫正对象，由看守所或者执行取保候审、监视居住的公安机关自收到决定之日起十日内将社区矫正对象移送社区矫正机构。

监狱管理机关、公安机关批准暂予监外执行的社区矫正对象，由监狱或者看守所自收到批准决定之日起十日内将社区矫正对象移送社区矫正机构。

第二十二条　社区矫正机构应当依法接收社区矫正对象，核对法律文书、核实身份、办理接收登记、建立档案，并宣告社区矫正对象的犯罪事实、执行社区矫正的期限以及应当遵守的规定。

第四章　监督管理

第二十三条　社区矫正对象在社区矫正期间应当遵守法律、行政法规，履行判决、裁定、暂予监外执行决定等法律文书确定的义务，遵守国务院司法行政部门关于报告、会客、外出、迁居、保外就医等监督管理规定，服从社区矫正机构的管理。

第二十四条　社区矫正机构应当根据裁判内容和社区矫正对象的性别、年龄、心理特点、健康状况、犯罪原因、犯罪类型、犯罪情节、悔罪表现等情况，制定有针对性的矫正方案，实现分类管理、个别化矫正。矫正方案应当根据社区矫正对象的表现等情况相应调整。

第二十五条　社区矫正机构应当根据社区矫正对象的情况，为其确定矫正小组，负责落实相应的矫正方案。

根据需要，矫正小组可以由司法所、居民委员会、村民委员会的人员，社区矫正对象的监护人、家庭成员，所在单位或者就读学校的人员以及社会工作者、志愿者等组成。社区矫正对象为女性的，矫正小组中应有女性成员。

第二十六条　社区矫正机构应当了解掌握社区矫正对象的活动情况和行为表现。社区矫正机构可以通过通信联络、信息化核查、实地查访等方式核实有关情况，有关单位和个人应当予以配合。

社区矫正机构开展实地查访等工作时，应当保护社区矫正对象的身份信息和个人隐私。

第二十七条 社区矫正对象离开所居住的市、县或者迁居，应当报经社区矫正机构批准。社区矫正机构对于有正当理由的，应当批准；对于因正常工作和生活需要经常性跨市、县活动的，可以根据情况，简化批准程序和方式。

因社区矫正对象迁居等原因需要变更执行地的，社区矫正机构应当按照有关规定作出变更决定。社区矫正机构作出变更决定后，应当通知社区矫正决定机关和变更后的社区矫正机构，并将有关法律文书抄送变更后的社区矫正机构。变更后的社区矫正机构应当将法律文书转送所在地的人民检察院、公安机关。

第二十八条 社区矫正机构根据社区矫正对象的表现，依照有关规定对其实施考核奖惩。社区矫正对象认罪悔罪、遵守法律法规、服从监督管理、接受教育表现突出的，应当给予表扬。社区矫正对象违反法律法规或者监督管理规定的，应当视情节依法给予训诫、警告、提请公安机关予以治安管理处罚，或者依法提请撤销缓刑、撤销假释、对暂予监外执行的收监执行。

对社区矫正对象的考核结果，可以作为认定其是否确有悔改表现或者是否严重违反监督管理规定的依据。

第二十九条 社区矫正对象有下列情形之一的，经县级司法行政部门负责人批准，可以使用电子定位装置，加强监督管理：

（一）违反人民法院禁止令的；

（二）无正当理由，未经批准离开所居住的市、县的；

（三）拒不按照规定报告自己的活动情况，被给予警告的；

（四）违反监督管理规定，被给予治安管理处罚的；

（五）拟提请撤销缓刑、假释或者暂予监外执行收监执行的。

前款规定的使用电子定位装置的期限不得超过三个月。对于不需要继续使用的，应当及时解除；对于期限届满后，经评估仍有必要继续使用的，经过批准，期限可以延长，每次不得超过三个月。

社区矫正机构对通过电子定位装置获得的信息应当严格保密，有关信息只能用于社区矫正工作，不得用于其他用途。

第三十条　社区矫正对象失去联系的，社区矫正机构应当立即组织查找，公安机关等有关单位和人员应当予以配合协助。查找到社区矫正对象后，应当区别情形依法作出处理。

第三十一条　社区矫正机构发现社区矫正对象正在实施违反监督管理规定的行为或者违反人民法院禁止令等违法行为的，应当立即制止；制止无效的，应当立即通知公安机关到场处置。

第三十二条　社区矫正对象有被依法决定拘留、强制隔离戒毒、采取刑事强制措施等限制人身自由情形的，有关机关应当及时通知社区矫正机构。

第三十三条　社区矫正对象符合刑法规定的减刑条件的，社区矫正机构应当向社区矫正执行地的中级以上人民法院提出减刑建议，并将减刑建议书抄送同级人民检察院。

人民法院应当在收到社区矫正机构的减刑建议书后三十日内作出裁定，并将裁定书送达社区矫正机构，同时抄送人民检察院、公安机关。

第三十四条　开展社区矫正工作，应当保障社区矫正对象的合法权益。社区矫正的措施和方法应当避免对社区矫正对象的正常工作和生活造成不必要的影响；非依法律规定，不得限制或者变相限制社区矫正对象的人身自由。

社区矫正对象认为其合法权益受到侵害的，有权向人民检察院或者有关机关申诉、控告和检举。受理机关应当及时办理，并将办理结果告知申诉人、控告人和检举人。

第五章 教育帮扶

第三十五条 县级以上地方人民政府及其有关部门应当通过多种形式为教育帮扶社区矫正对象提供必要的场所和条件，组织动员社会力量参与教育帮扶工作。

有关人民团体应当依法协助社区矫正机构做好教育帮扶工作。

第三十六条 社区矫正机构根据需要，对社区矫正对象进行法治、道德等教育，增强其法治观念，提高其道德素质和悔罪意识。

对社区矫正对象的教育应当根据其个体特征、日常表现等实际情况，充分考虑其工作和生活情况，因人施教。

第三十七条 社区矫正机构可以协调有关部门和单位，依法对就业困难的社区矫正对象开展职业技能培训、就业指导，帮助社区矫正对象中的在校学生完成学业。

第三十八条 居民委员会、村民委员会可以引导志愿者和社区群众，利用社区资源，采取多种形式，对有特殊困难的社区矫正对象进行必要的教育帮扶。

第三十九条 社区矫正对象的监护人、家庭成员，所在单位或者就读学校应当协助社区矫正机构做好对社区矫正对象的教育。

第四十条 社区矫正机构可以通过公开择优购买社区矫正社会工作服务或者其他社会服务，为社区矫正对象在教育、心理辅导、职业技能培训、社会关系改善等方面提供必要的帮扶。

社区矫正机构也可以通过项目委托社会组织等方式开展上述帮扶活动。国家鼓励有经验和资源的社会组织跨地区开展帮扶交流和示范活动。

第四十一条　国家鼓励企业事业单位、社会组织为社区矫正对象提供就业岗位和职业技能培训。招用符合条件的社区矫正对象的企业，按照规定享受国家优惠政策。

第四十二条　社区矫正机构可以根据社区矫正对象的个人特长，组织其参加公益活动，修复社会关系，培养社会责任感。

第四十三条　社区矫正对象可以按照国家有关规定申请社会救助、参加社会保险、获得法律援助，社区矫正机构应当给予必要的协助。

第六章　解除和终止

第四十四条　社区矫正对象矫正期满或者被赦免的，社区矫正机构应当向社区矫正对象发放解除社区矫正证明书，并通知社区矫正决定机关、所在地的人民检察院、公安机关。

第四十五条　社区矫正对象被裁定撤销缓刑、假释，被决定收监执行，或者社区矫正对象死亡的，社区矫正终止。

第四十六条　社区矫正对象具有刑法规定的撤销缓刑、假释情形的，应当由人民法院撤销缓刑、假释。

对于在考验期限内犯新罪或者发现判决宣告以前还有其他罪没有判决的，应当由审理该案件的人民法院撤销缓刑、假释，并书面通知原审人民法院和执行地社区矫正机构。

对于有第二款规定以外的其他需要撤销缓刑、假释情形的，社区矫正机构应当向原审人民法院或者执行地人民法院提出撤销缓刑、假释建议，并将建议书抄送人民检察院。社区矫正机构提出撤销缓刑、假释建议时，应当说明理由，并提供有关证据材料。

第四十七条　被提请撤销缓刑、假释的社区矫正对象可能逃跑或者可能发生社会危险的，社区矫正机构可以在提出撤销缓刑、假释建议的同时，提请人民法院决定对其予以逮捕。

人民法院应当在四十八小时内作出是否逮捕的决定。决定逮捕的，由公安机关执行。逮捕后的羁押期限不得超过三十日。

第四十八条 人民法院应当在收到社区矫正机构撤销缓刑、假释建议书后三十日内作出裁定，将裁定书送达社区矫正机构和公安机关，并抄送人民检察院。

人民法院拟撤销缓刑、假释的，应当听取社区矫正对象的申辩及其委托的律师的意见。

人民法院裁定撤销缓刑、假释的，公安机关应当及时将社区矫正对象送交监狱或者看守所执行。执行以前被逮捕的，羁押一日折抵刑期一日。

人民法院裁定不予撤销缓刑、假释的，对被逮捕的社区矫正对象，公安机关应当立即予以释放。

第四十九条 暂予监外执行的社区矫正对象具有刑事诉讼法规定的应当予以收监情形的，社区矫正机构应当向执行地或者原社区矫正决定机关提出收监执行建议，并将建议书抄送人民检察院。

社区矫正决定机关应当在收到建议书后三十日内作出决定，将决定书送达社区矫正机构和公安机关，并抄送人民检察院。

人民法院、公安机关对暂予监外执行的社区矫正对象决定收监执行的，由公安机关立即将社区矫正对象送交监狱或者看守所收监执行。

监狱管理机关对暂予监外执行的社区矫正对象决定收监执行的，监狱应当立即将社区矫正对象收监执行。

第五十条 被裁定撤销缓刑、假释和被决定收监执行的社区矫正对象逃跑的，由公安机关追捕，社区矫正机构、有关单位和个人予以协助。

第五十一条　社区矫正对象在社区矫正期间死亡的，其监护人、家庭成员应当及时向社区矫正机构报告。社区矫正机构应当及时通知社区矫正决定机关、所在地的人民检察院、公安机关。

第七章　未成年人社区矫正特别规定

第五十二条　社区矫正机构应当根据未成年社区矫正对象的年龄、心理特点、发育需要、成长经历、犯罪原因、家庭监护教育条件等情况，采取针对性的矫正措施。

社区矫正机构为未成年社区矫正对象确定矫正小组，应当吸收熟悉未成年人身心特点的人员参加。

对未成年人的社区矫正，应当与成年人分别进行。

第五十三条　未成年社区矫正对象的监护人应当履行监护责任，承担抚养、管教等义务。

监护人怠于履行监护职责的，社区矫正机构应当督促、教育其履行监护责任。监护人拒不履行监护职责的，通知有关部门依法作出处理。

第五十四条　社区矫正机构工作人员和其他依法参与社区矫正工作的人员对履行职责过程中获得的未成年人身份信息应当予以保密。

除司法机关办案需要或者有关单位根据国家规定查询外，未成年社区矫正对象的档案信息不得提供给任何单位或者个人。依法进行查询的单位，应当对获得的信息予以保密。

第五十五条　对未完成义务教育的未成年社区矫正对象，社区矫正机构应当通知并配合教育部门为其完成义务教育提供条件。未成年社区矫正对象的监护人应当依法保证其按时入学接受并完成义务教育。

年满十六周岁的社区矫正对象有就业意愿的，社区矫正机构可以协调有关部门和单位为其提供职业技能培训，给予就业指导和帮助。

第五十六条 共产主义青年团、妇女联合会、未成年人保护组织应当依法协助社区矫正机构做好未成年人社区矫正工作。

国家鼓励其他未成年人相关社会组织参与未成年人社区矫正工作，依法给予政策支持。

第五十七条 未成年社区矫正对象在复学、升学、就业等方面依法享有与其他未成年人同等的权利，任何单位和个人不得歧视。有歧视行为的，应当由教育、人力资源和社会保障等部门依法作出处理。

第五十八条 未成年社区矫正对象在社区矫正期间年满十八周岁的，继续按照未成年人社区矫正有关规定执行。

第八章 法律责任

第五十九条 社区矫正对象在社区矫正期间有违反监督管理规定行为的，由公安机关依照《中华人民共和国治安管理处罚法》的规定给予处罚；具有撤销缓刑、假释或者暂予监外执行收监情形的，应当依法作出处理。

第六十条 社区矫正对象殴打、威胁、侮辱、骚扰、报复社区矫正机构工作人员和其他依法参与社区矫正工作的人员及其近亲属，构成犯罪的，依法追究刑事责任；尚不构成犯罪的，由公安机关依法给予治安管理处罚。

第六十一条　社区矫正机构工作人员和其他国家工作人员有下列行为之一的，应当给予处分；构成犯罪的，依法追究刑事责任：

（一）利用职务或者工作便利索取、收受贿赂的；

（二）不履行法定职责的；

（三）体罚、虐待社区矫正对象，或者违反法律规定限制或者变相限制社区矫正对象的人身自由的；

（四）泄露社区矫正工作秘密或者其他依法应当保密的信息的；

（五）对依法申诉、控告或者检举的社区矫正对象进行打击报复的；

（六）有其他违纪违法行为的。

第六十二条　人民检察院发现社区矫正工作违反法律规定的，应当依法提出纠正意见、检察建议。有关单位应当将采纳纠正意见、检察建议的情况书面回复人民检察院，没有采纳的应当说明理由。

第九章　附　　则

第六十三条　本法自2020年7月1日起施行。

中共中央　国务院关于加强基层治理体系和治理能力现代化建设的意见

（2021年4月28日）

基层治理是国家治理的基石，统筹推进乡镇（街道）和城乡社区治理，是实现国家治理体系和治理能力现代化的基础工程。为深入贯彻党的十九大和十九届二中、三中、四中、五中全会精神，夯实国家治理根基，现就加强基层治理体系和治理能力现代化建设提出如下意见。

一、总体要求

（一）指导思想。以习近平新时代中国特色社会主义思想为指导，坚持和加强党的全面领导，坚持以人民为中心，以增进人民福祉为出发点和落脚点，以加强基层党组织建设、增强基层党组织政治功能和组织力为关键，以加强基层政权建设和健全基层群众自治制度为重点，以改革创新和制度建设、能力建设为抓手，建立健全基层治理体制机制，推动政府治理同社会调节、居民自治良性互动，提高基层治理社会化、法治化、智能化、专业化水平。

（二）工作原则。坚持党对基层治理的全面领导，把党的领导贯穿基层治理全过程、各方面。坚持全周期管理理念，强化系统治理、依法治理、综合治理、源头治理。坚持因地制宜，分类指导、分层推进、分步实施，向基层放权赋能，减轻基层负担。坚持共建共治共享，建设人人有责、人人尽责、人人享有的基层治理共同体。

（三）主要目标。力争用 5 年左右时间，建立起党组织统一领导、政府依法履责、各类组织积极协同、群众广泛参与，自治、法治、德治相结合的基层治理体系，健全常态化管理和应急管理动态衔接的基层治理机制，构建网格化管理、精细化服务、信息化支撑、开放共享的基层管理服务平台；党建引领基层治理机制全面完善，基层政权坚强有力，基层群众自治充满活力，基层公共服务精准高效，党的执政基础更加坚实，基层治理体系和治理能力现代化水平明显提高。在此基础上力争再用 10 年时间，基本实现基层治理体系和治理能力现代化，中国特色基层治理制度优势充分展现。

二、完善党全面领导基层治理制度

（一）加强党的基层组织建设，健全基层治理党的领导体制。把抓基层、打基础作为长远之计和固本之举，把基层党组织建设成为领导基层治理的坚强战斗堡垒，使党建引领基层治理的作用得到强化和巩固。加强乡镇（街道）、村（社区）党组织对基层各类组织和各项工作的统一领导，以提升组织力为重点，健全在基层治理中坚持和加强党的领导的有关制度，涉及基层治理重要事项、重大问题都要由党组织研究讨论后按程序决定。积极推行村（社区）党组织书记通过法定程序担任村（居）民委员会主任、村（社区）“两委”班子成员交叉任职。注重把党组织推荐的优秀人选通过一定程序明确为各类组织负责人，确保依法把党的领导和党的建设有关要求写入各类组织章程。创新党组织设置和活动方式，不断扩大党的组织覆盖和工作覆盖，持续整顿软弱涣散基层党组织。推动全面从严治党向基层延伸，加强日常监督，持续整治群众身边的不正之风和腐败问题。

（二）构建党委领导、党政统筹、简约高效的乡镇（街道）管理体制。深化基层机构改革，统筹党政机构设置、职能配置和编制资源，设置综合性内设机构。除党中央明确要求实行派驻体制的机构外，县直部门设在乡镇（街道）的机构原则上实行属地管理。继续实行派驻体制的，要纳入乡镇（街道）统一指挥协调。

（三）完善党建引领的社会参与制度。坚持党建带群建，更好履行组织、宣传、凝聚、服务群众职责。统筹基层党组织和群团组织资源配置，支持群团组织承担公共服务职能。培育扶持基层公益性、服务性、互助性社会组织。支持党组织健全、管理规范的社会组织优先承接政府转移职能和服务项目。搭建区域化党建平台，推行机关企事业单位与乡镇（街道）、村（社区）党组织联建共建，组织党员、干部下沉参与基层治理、有效服务群众。

三、加强基层政权治理能力建设

（一）增强乡镇（街道）行政执行能力。加强乡镇（街道）党（工）委对基层政权建设的领导。依法赋予乡镇（街道）综合管理权、统筹协调权和应急处置权，强化其对涉及本区域重大决策、重大规划、重大项目的参与权和建议权。根据本地实际情况，依法赋予乡镇（街道）行政执法权，整合现有执法力量和资源。推行乡镇（街道）行政执法公示制度，实行“双随机、一公开”监管模式。优化乡镇（街道）行政区划设置，确保管理服务有效覆盖常住人口。

（二）增强乡镇（街道）为民服务能力。市、县级政府要规范乡镇（街道）政务服务、公共服务、公共安全等事项，将直接面向群众、乡镇（街道）能够承接的服务事项依法下放。乡镇要围绕全面推进乡村振兴、巩固拓展脱贫攻坚成果等任务，做好农业产业发展、人居环境建设及留守儿童、留守妇女、留守老人关爱服务等工作。街道要做好市政市容管理、物业管理、流动人口服务管理、社会组织培育引导等工作。加强基层医疗卫生机构和乡村卫生健康人才队伍建设。优化乡镇（街道）政务服务流程，全面推进一窗式受理、一站式办理，加快推行市域通办，逐步推行跨区域办理。

（三）增强乡镇（街道）议事协商能力。完善基层民主协商制度，县级党委和政府围绕涉及群众切身利益的事项确定乡镇（街道）协商重点，由乡镇（街道）党（工）委主导开展议事协商，完善座谈会、听证会等协商方式，注重发挥人大代表、政协委员作用。探索建立社会公众列席乡镇（街道）有关会议制度。

（四）增强乡镇（街道）应急管理能力。强化乡镇（街道）属地责任和相应职权，构建多方参与的社会动员响应体系。健全基层应急管理组织体系，细化乡镇（街道）应急预案，做好风险研判、预警、应对等工作。建立统一指挥的应急管理队伍，加强应急物资储备保障。每年组织开展综合应急演练。市、县级政府要指导乡镇（街道）做好应急准备工作，强化应急状态下对乡镇（街道）人、财、物支持。

（五）增强乡镇（街道）平安建设能力。坚持和发展新时代“枫桥经验”，加强乡镇（街道）综治中心规范化建设，发挥其整合社会治理资源、创新社会治理方式的平台作用。完善基层社会治安防控体系，健全防范涉黑涉恶长效机制。健全乡镇（街道）矛盾纠纷一站式、多元化解决机制和心理疏导服务机制。

四、健全基层群众自治制度

（一）加强村（居）民委员会规范化建设。坚持党组织领导基层群众性自治组织的制度，建立基层群众性自治组织法人备案制度，加强集体资产管理。规范撤销村民委员会改设社区居民委员会的条件和程序，合理确定村（社区）规模，不盲目求大。发挥村（居）民委员会下设的人民调解、治安保卫、公共卫生等委员会作用，村民委员会应设妇女和儿童工作等委员会，社区居民委员会可增设环境和物业管理等委员会，并做好相关工作。完善村（居）民委员会成员履职承诺和述职制度。

（二）健全村（居）民自治机制。强化党组织领导把关作用，规范村（居）民委员会换届选举，全面落实村（社区）“两委”班子成员资格联审机制，坚决防止政治上的两面人，受过刑事处罚、存在“村霸”和涉黑涉恶及涉及宗族恶势力等问题人员，非法宗教与邪教的组织者、实施者、参与者等进入村（社区）“两委”班子。在基层公共事务和公益事业中广泛实行群众自我管理、自我服务、自我教育、自我监督，拓宽群众反映意见和建议的渠道。聚焦群众关心的民生实事和重要事项，定期开展民主协商。完善党务、村（居）务、财务公开制度，及时公开权力事项，接受群众监督。强化基层纪检监察组织与村（居）务监督委员会的沟通协作、有效衔接，形成监督合力。

（三）增强村（社区）组织动员能力。健全村（社区）“两委”班子成员联系群众机制，经常性开展入户走访。加强群防群治、联防联治机制建设，完善应急预案。在应急状态下，由村（社区）“两委”统筹调配本区域各类资源和力量，组织开展应急工作。改进网格化管理服务，依托村（社区）统一划分综合网格，明确网格管理服务事项。

（四）优化村（社区）服务格局。市、县级政府要规范村（社区）公共服务和代办政务服务事项，由基层党组织主导整合资源为群众提供服务。推进城乡社区综合服务设施建设，依托其开展就业、养老、医疗、托幼等服务，加强对困难群体和特殊人群关爱照护，做好传染病、慢性病防控等工作。加强综合服务、兜底服务能力建设。完善支持社区服务业发展政策，采取项目示范等方式，实施政府购买社区服务，鼓励社区服务机构与市场主体、社会力量合作。开展“新时代新社区新生活”服务质量提升活动，推进社区服务标准化。

五、推进基层法治和德治建设

（一）推进基层治理法治建设。提升基层党员、干部法治素养，引导群众积极参与、依法支持和配合基层治理。完善基层公共法律服务体系，加强和规范村（居）法律顾问工作。乡镇（街道）指导村（社区）依法制定村规民约、居民公约，健全备案和履行机制，确保符合法律法规和公序良俗。

（二）加强思想道德建设。培育践行社会主义核心价值观，推动习近平新时代中国特色社会主义思想进社区、进农村、进家庭。健全村（社区）道德评议机制，开展道德模范评选表彰活动，注重发挥家庭家教家风在基层治理中的重要作用。组织开展科学常识、卫生防疫知识、应急知识普及和诚信宣传教育，深入开展爱国卫生运动，遏制各类陈规陋习，抵制封建迷信活动。

（三）发展公益慈善事业。完善社会力量参与基层治理激励政策，创新社区与社会组织、社会工作者、社区志愿者、社会慈善资源的联动机制，支持建立乡镇（街道）购买社会工作服务机制和设立社区基金会等协作载体，吸纳社会力量参加基层应急救援。完善基层志愿服务制度，大力开展邻里互助服务和互动交流活动，更好满足群众需求。

六、加强基层智慧治理能力建设

（一）做好规划建设。市、县级政府要将乡镇（街道）、村（社区）纳入信息化建设规划，统筹推进智慧城市、智慧社区基础设施、系统平台和应用终端建设，强化系统集成、数据融合和网络安全保障。健全基层智慧治理标准体系，推广智能感知等技术。

（二）整合数据资源。实施“互联网＋基层治理”行动，完善乡镇（街道）、村（社区）地理信息等基础数据，共建全国基层治理数据库，推动基层治理数据资源共享，根据需要向基层开放使用。完善乡镇（街道）与部门政务信息系统数据资源共享交换机制。推进村（社区）数据资源建设，实行村（社区）数据综合采集，实现一次采集、多方利用。

（三）拓展应用场景。加快全国一体化政务服务平台建设，推动各地政务服务平台向乡镇（街道）延伸，建设开发智慧社区信息系统和简便应用软件，提高基层治理数字化智能化水平，提升政策宣传、民情沟通、便民服务效能，让数据多跑路、群众少跑腿。充分考虑老年人习惯，推行适老化和无障碍信息服务，保留必要的线下办事服务渠道。

七、加强组织保障

（一）压实各级党委和政府责任。各级党委和政府要加强对基层治理的组织领导，完善议事协调机制，强化统筹协调，定期研究基层治理工作，整体谋划城乡社区建设、治理和服务，及时帮助基层解决困难和问题。加强对基层治理工作成效的评估，评估结果作为市、县级党政领导班子和领导干部考核，以及党委书记抓基层党建述职评议考核的重要内容。市、县级党委和政府要发挥一线指挥部作用，乡镇（街道）要提高抓落实能力。组织、政法、民政等部门要及时向党委和政府提出政策建议。

（二）改进基层考核评价。市、县级党委和政府要规范乡镇（街道）、村（社区）权责事项，并为权责事项以外委托工作提供相应支持。未经党委和政府统一部署，各职能部门不得将自身权责事项派交乡镇（街道）、村（社区）承担。完善考核评价体系和激励办法，加强对乡镇（街道）、村（社区）的综合考核，严格控制考核总量和频次。统筹规范面向基层的督查检查，清理规范工作台账、报表以及“一票否决”、签订责任状、出具证明事项、创建示范等项目，切实减轻基层负担。做好容错纠错工作，保护基层干部干事创业的积极性。

（三）保障基层治理投入。完善乡镇（街道）经费保障机制，进一步深化乡镇（街道）国库集中支付制度改革。编制城乡社区服务体系建设规划，将综合服务设施建设纳入国土空间规划，优化以党群服务中心为基本阵地的城乡社区综合服务设施布局。各省（自治区、直辖市）要明确乡镇（街道）、村（社区）的办公、服务、活动、应急等功能面积标准，按照有关规定采取盘活现有资源或新建等方式，支持建设完善基层阵地。

（四）加强基层治理队伍建设。充实基层治理骨干力量，加强基层党务工作者队伍建设。各级党委要专门制定培养规划，探索建立基层干部分级培训制度，建好用好城乡基层干部培训基地和在线培训平台，加强对基层治理人才的培养使用。推进编制资源向乡镇（街道）倾斜，鼓励从上往下跨层级调剂使用行政和事业编制。严格执行乡镇（街道）干部任期调整、最低服务年限等规定，落实乡镇机关事业单位工作人员乡镇工作补贴政策。建立健全村（社区）党组织书记后备人才库，实行村（社区）党组织书记县级党委组织部门备案管理。研究制定加强城乡社区工作者队伍建设政策措施，市、县级政府要综合考虑服务居民数量等因素制定社区工作者配备标准；健全社区工作者职业体系，建立岗位薪酬制度并完善动态调整机制，落实社会保险待遇，探索将专职网格员纳入社区工作者管理。加强城乡社区服务人才队伍建设，引导高校毕业生等从事社区工作。

（五）推进基层治理创新。加快基层治理研究基地和智库建设，加强中国特色社会主义基层治理理论研究。以市（地、州、盟）为单位开展基层治理示范工作，加强基层治理平台建设，鼓励基层治理改革创新。认真总结新冠肺炎疫情防控经验，补齐补足社区防控短板，切实巩固社区防控阵地。完善基层治理法律法规，适时修订《中华人民共和国城市居民委员会组织法》、《中华人民共和国村民委员会组织法》，研究制定社区服务条例。

（六）营造基层治理良好氛围。选树表彰基层治理先进典型，推动创建全国和谐社区。做好基层治理调查统计工作，建立基层治理群众满意度调查制度。组织开展基层治理专题宣传。

《人民日报》（2021 年 7 月 12 日第 1 版）

法治政府建设实施纲要（2021—2025 年）

（2021 年 8 月 11 日）

法治政府建设是全面依法治国的重点任务和主体工程，是推进国家治理体系和治理能力现代化的重要支撑。为在新发展阶段持续深入推进依法行政，全面建设法治政府，根据当前法治政府建设实际，制定本纲要。

一、深入学习贯彻习近平法治思想，努力实现法治政府建设全面突破

党的十八大以来，特别是《法治政府建设实施纲要（2015 - 2020 年）》贯彻落实 5 年来，各地区各部门多措并举、改革创新，法治政府建设取得重大进展。党对法治政府建设的领导不断加强，责任督察和示范创建活动深入实施，法治政府建设推进机制基本形成；“放管服”改革纵深推进，营商环境大幅优化；依法行政制度体系日益健全，重大行政决策程序制度初步建立，行政决策公信力持续提升；行政执法体制机制改革大力推进，严格规范公正文明执法

水平普遍提高；行政权力制约和监督全面加强，违法行政行为能够被及时纠正查处；社会矛盾纠纷依法及时有效化解，行政争议预防化解机制更加完善；各级公务员法治意识显著增强，依法行政能力明显提高。当前，我国已经开启全面建设社会主义现代化国家、向第二个百年奋斗目标进军的新征程，统筹中华民族伟大复兴战略全局和世界百年未有之大变局，推进国家治理体系和治理能力现代化，适应人民日益增长的美好生活需要，都对法治政府建设提出了新的更高要求，必须立足全局、着眼长远、补齐短板、开拓进取，推动新时代法治政府建设再上新台阶。

（一）指导思想。高举中国特色社会主义伟大旗帜，坚持以马克思列宁主义、毛泽东思想、邓小平理论、“三个代表”重要思想、科学发展观、习近平新时代中国特色社会主义思想为指导，全面贯彻党的十九大和十九届二中、三中、四中、五中全会精神，全面贯彻习近平法治思想，增强“四个意识”、坚定“四个自信”、做到“两个维护”，把法治政府建设放在党和国家事业发展全局中统筹谋划，加快构建职责明确、依法行政的政府治理体系，全面建设职能科学、权责法定、执法严明、公开公正、智能高效、廉洁诚信、人民满意的法治政府，为全面建设社会主义现代化国家、实现中华民族伟大复兴的中国梦提供有力法治保障。

（二）主要原则。坚持党的全面领导，确保法治政府建设正确方向；坚持以人民为中心，一切行政机关必须为人民服务、对人民负责、受人民监督；坚持问题导向，用法治给行政权力定规矩、划界限，切实解决制约法治政府建设的突出问题；坚持改革创新，积极探索具有中国特色的法治政府建设模式和路径；坚持统筹推进，强化法治政府建设的整体推动、协同发展。

（三）总体目标。到2025年，政府行为全面纳入法治轨道，职责明确、依法行政的政府治理体系日益健全，行政执法体制机制基本完善，行政执法质量和效能大幅提升，突发事件应对能力显著增强，各地区各层级法治政府建设协调并进，更多地区实现率先突破，为到2035年基本建成法治国家、法治政府、法治社会奠定坚实基础。

二、健全政府机构职能体系，推动更好发挥政府作用

坚持法定职责必须为、法无授权不可为，着力实现政府职能深刻转变，把该管的事务管好、管到位，基本形成边界清晰、分工合理、权责一致、运行高效、法治保障的政府机构职能体系。

（四）推进政府机构职能优化协同高效。坚持优化政府组织结构与促进政府职能转变、理顺部门职责关系统筹结合，使机构设置更加科学、职能更加优化、权责更加协同。完善经济调节、市场监管、社会管理、公共服务、生态环境保护等职能，厘清政府和市场、政府和社会关系，推动有效市场和有为政府更好结合。强化制定实施发展战略、规划、政策、标准等职能，更加注重运用法律和制度遏制不当干预微观经济活动的行为。构建简约高效的基层管理体制，实行扁平化和网格化管理。推进编制资源向基层倾斜，鼓励、支持从上往下跨层级调剂使用行政和事业编制。

全面实行政府权责清单制度，推动各级政府高效履职尽责。2022年上半年编制完成国务院部门权责清单，建立公开、动态调整、考核评估、衔接规范等配套机制和办法。调整完善地方各级政府部门权责清单，加强标准化建设，实现同一事项的规范统一。严格执行市场准入负面清单，普遍落实“非禁即入”。

（五）深入推进“放管服”改革。分级分类推进行政审批制度改革。依托全国一体化政务服务平台等渠道，全面推行审批服务“马上办、网上办、就近办、一次办、自助办”。坚决防止以备案、登记、行政确认、征求意见等方式变相设置行政许可事项。推行行政审批告知承诺制。大力归并减少各类资质资格许可事项，降低准入门槛。有序推进“证照分离”改革全覆盖，将更多涉企经营许可事项纳入改革。积极推进“一业一证”改革，探索实现“一证准营”、跨地互认通用。深化投资审批制度改革，推进投资领域行政执法监督，全面改善投资环境。全面落实证明事项告知承诺制，新设证明事项必须有法律法规或者国务院决定依据。

推动政府管理依法进行，把更多行政资源从事前审批转到事中事后监管上来。健全以“双随机、一公开”监管和“互联网＋监管”为基本手段、以重点监管为补充、以信用监管为基础的新型监管机制，推进线上线下一体化监管，完善与创新创造相适应的包容审慎监管方式。根据不同领域特点和风险程度确定监管内容、方式和频次，提高监管精准化水平。分领域制定全国统一、简明易行的监管规则和标准，做到标准公开、规则公平、预期合理、各负其责。

加快建设服务型政府，提高政务服务效能。全面提升政务服务水平，完善首问负责、一次告知、一窗受理、自助办理等制度。加快推进政务服务“跨省通办”，到 2021 年年底前基本实现高频事项“跨省通办”。大力推行“一件事一次办”，提供更多套餐式、主题式集成服务。推进线上线下深度融合，增强全国一体化政务服务平台服务能力，优化整合提升各级政务大厅“一站式”功能，全面实现政务服务事项全城通办、就近能办、异地可办。坚持传统服务与智能创新相结合，充分保障老年人基本服务需要。

（六）持续优化法治化营商环境。紧紧围绕贯彻新发展理念、构建新发展格局，打造稳定公平透明、可预期的法治化营商环境。深入实施《优化营商环境条例》。及时总结各地优化营商环境可复制可推广的经验做法，适时上升为法律法规制度。依法平等保护各种所有制企业产权和自主经营权，切实防止滥用行政权力排除、限制竞争行为。健全外商投资准入前国民待遇加负面清单管理制度，推动规则、规制、管理、标准等制度型开放。加强政企沟通，在制定修改行政法规、规章、行政规范性文件过程中充分听取企业和行业协会商会意见。加强和改进反垄断与反不正当竞争执法。强化公平竞争审查制度刚性约束，及时清理废除妨碍统一市场和公平竞争的各种规定和做法，推动形成统一开放、竞争有序、制度完备、治理完善的高标准市场体系。

三、健全依法行政制度体系，加快推进政府治理规范化程序化法治化

坚持科学立法、民主立法、依法立法，着力实现政府立法质量和效率并重并进，增强针对性、及时性、系统性、可操作性，努力使政府治理各方面制度更加健全、更加完善。

（七）加强重要领域立法。积极推进国家安全、科技创新、公共卫生、文化教育、民族宗教、生物安全、生态文明、防范风险、反垄断、涉外法治等重要领域立法，健全国家治理急需的法律制度、满足人民日益增长的美好生活需要必备的法律制度。制定修改传染病防治法、突发公共卫生事件应对法、国境卫生检疫法等法律制度。及时跟进研究数字经济、互联网金融、人工智能、大数据、云计算等相关法律制度，抓紧补齐短板，以良法善治保障新业态新模式健康发展。

加强规范共同行政行为立法，推进机构、职能、权限、程序、责任法定化。修改国务院组织法、地方各级人民代表大会和地方各级人民政府组织法。修改行政复议法、行政许可法，完善行政程序法律制度。研究制定行政备案条例、行政执法监督条例。

（八）完善立法工作机制。增强政府立法与人大立法的协同性，统筹安排相关联相配套的法律法规规章的立改废释工作。聚焦实践问题和立法需求，提高立法精细化精准化水平。完善立法论证评估制度，加大立法前评估力度，认真论证评估立法项目必要性、可行性。建立健全立法风险防范机制，将风险评估贯穿立法全过程。丰富立法形式，注重解决实际问题。积极运用新媒体新技术拓宽立法公众参与渠道，完善立法听证、民意调查机制。修改法规规章备案条例，推进政府规章层级监督，强化省级政府备案审查职责。推进区域协同立法，强化计划安排衔接、信息资源共享、联合调研论证、同步制定修改。

（九）加强行政规范性文件制定监督管理。依法制定行政规范性文件，严禁越权发文、严控发文数量、严格制发程序。建立健全行政规范性文件制定协调机制，防止政出多门、政策效应相互抵消。健全行政规范性文件动态清理工作机制。加强对行政规范性文件制定和管理工作的指导监督，推动管理制度化规范化。全面落实行政规范性文件合法性审核机制，明确审核范围，统一审核标准。严格落实行政规范性文件备案审查制度。

四、健全行政决策制度体系，不断提升行政决策公信力和执行力

坚持科学决策、民主决策、依法决策，着力实现行政决策程序规定严格落实、决策质量和效率显著提高，切实避免因决策失误产生矛盾纠纷、引发社会风险、造成重大损失。

（十）强化依法决策意识。各级行政机关负责人要牢固树立依法决策意识，严格遵循法定权限和程序作出决策，确保决策内容符合法律法规规定。行政机关主要负责人作出重大决策前，应当听取合法性审查机构的意见，注重听取法律顾问、公职律师或者有关专家的意见。把是否遵守决策程序制度、做到依法决策作为对政府部门党组（党委）开展巡视巡察和对行政机关主要负责人开展考核督察、经济责任审计的重要内容，防止个人专断、搞“一言堂”。

（十一）严格落实重大行政决策程序。严格执行《重大行政决策程序暂行条例》，增强公众参与实效，提高专家论证质量，充分发挥风险评估功能，确保所有重大行政决策都严格履行合法性审查和集体讨论决定程序。推行重大行政决策事项年度目录公开制度。涉及社会公众切身利益的重要规划、重大公共政策和措施、重大公共建设项目等，应当通过举办听证会等形式加大公众参与力度，深入开展风险评估，认真听取和反映利益相关群体的意见建议。建立健全决策过程记录和材料归档制度。

（十二）加强行政决策执行和评估。完善行政决策执行机制，决策机关应当在决策中明确执行主体、执行时限、执行反馈等内容。建立健全重大行政决策跟踪反馈制度。依法推进决策后评估工作，将决策后评估结果作为调整重大行政决策的重要依据。重大行政决策一经作出，未经法定程序不得随意变更或者停止执行。严格落实重大行政决策终身责任追究制度和责任倒查机制。

五、健全行政执法工作体系，全面推进严格规范公正文明执法

着眼提高人民群众满意度，着力实现行政执法水平普遍提升，努力让人民群众在每一个执法行为中都能看到风清气正、从每一项执法决定中都能感受到公平正义。

（十三）深化行政执法体制改革。完善权责清晰、运转顺畅、保障有力、廉洁高效的行政执法体制机制，大力提高执法执行力和公信力。继续深化综合行政执法体制改革，坚持省（自治区）原则上不设行政执法队伍，设区市与市辖区原则上只设一个行政执法层级，县（市、区、旗）一般实行“局队合一”体制，乡镇（街道）逐步实现“一支队伍管执法”的改革原则和要求。加强综合执法、联合执法、协作执法的组织指挥和统筹协调。在行政许可权、行政处罚权改革中，健全审批、监管、处罚衔接机制，防止相互脱节。稳步将基层管理迫切需要且能有效承接的行政执法事项下放给基层，坚持依法下放、试点先行，坚持权随事转、编随事转、钱随事转，确保放得下、接得住、管得好、有监督。建立健全乡镇（街道）与上一级相关部门行政执法案件移送及协调协作机制。大力推进跨领域跨部门联合执法，实现违法线索互联、执法标准互通、处理结果互认。完善行政执法与刑事司法衔接机制，加强“两法衔接”信息平台建设，推进信息共享机制化、案件移送标准和程序规范化。加快制定不同层级行政执法装备配备标准。

（十四）加大重点领域执法力度。加大食品药品、公共卫生、自然资源、生态环境、安全生产、劳动保障、城市管理、交通运输、金融服务、教育培训等关系群众切身利益的重点领域执法力度。分领域梳理群众反映强烈的突出问题，开展集中专项整治。对潜在风险大、可能造成严重不良后果的，加强日常监管和执法巡查，从源头上预防和化解违法风险。建立完善严重违法惩罚性赔偿和巨额罚款制度、终身禁入机制，让严重违法者付出应有代价。畅通违法行为投诉举报渠道，对举报严重违法违规行为和重大风险隐患的有功人员依法予以奖励和严格保护。

（十五）完善行政执法程序。全面严格落实行政执法公示、执法全过程记录、重大执法决定法制审核制度。统一行政执法人员资格管理，除中央垂直管理部门外由省级政府统筹本地区行政执法人员资格考试、证件制发、在岗轮训等工作，国务院有关业务主管部门加强对本系统执法人员的专业培训，完善相关规范标准。统一行政执法案卷、文书基本标准，提高执法案卷、文书规范化水平。完善行政执法文书送达制度。全面落实行政裁量权基准制度，细化量化本地区各行政执法行为的裁量范围、种类、幅度等并对外公布。全面梳理、规范和精简执法事项，凡没有法律法规规章依据的一律取消。规范涉企行政检查，着力解决涉企现场检查事项多、频次高、随意检查等问题。按照行政执法类型，制定完善行政执法程序规范。全面严格落实告知制度，依法保障行政相对人陈述、申辩、提出听证申请等权利。除有法定依据外，严禁地方政府采取要求特定区域或者行业、领域的市场主体普遍停产停业的措施。行政机关内部会议纪要不得作为行政执法依据。

（十六）创新行政执法方式。广泛运用说服教育、劝导示范、警示告诫、指导约谈等方式，努力做到宽严相济、法理相融，让执法既有力度又有温度。全面推行轻微违法行为依法免予处罚清单。建立行政执法案例指导制度，国务院有关部门和省级政府要定期发布指导案例。全面落实“谁执法谁普法”普法责任制，加强以案释法。

六、健全突发事件应对体系，依法预防处置重大突发事件

坚持运用法治思维和法治方式应对突发事件，着力实现越是工作重要、事情紧急越要坚持依法行政，严格依法实施应急举措，在处置重大突发事件中推进法治政府建设。

（十七）完善突发事件应对制度。修改突发事件应对法，系统梳理和修改应急管理相关法律法规，提高突发事件应对法治化规范化水平。健全国家应急预案体系，完善国家突发公共事件总体和专项应急预案，以及与之相衔接配套的各级各类突发事件应急预案。加强突发事件监测预警、信息报告、应急响应、恢复重建、调查评估等机制建设。健全突发事件应对征收、征用、救助、补偿制度，规范相关审批、实施程序和救济途径。完善特大城市风险治理机制，增强风险管控能力。健全规范应急处置收集、使用个人信息机制制度，切实保护公民个人信息。加快推进突发事件行政手段应用的制度化规范化，规范行政权力边界。

（十八）提高突发事件依法处置能力。增强风险防范意识，强化各地区各部门防范化解本地区本领域重大风险责任。推进应急管理综合行政执法改革，强化执法能力建设。强化突发事件依法分级分类施策，增强应急处置的针对性实效性。按照平战结合原则，完善各类突发事件应急响应处置程序和协调联动机制。定期开展应急演练，注重提升依法预防突发事件、先期处置和快速反应能力。加强突发事件信息公开和危机沟通，完善公共舆情应对机制。依法严厉打击利用突发事件哄抬物价、囤积居奇、造谣滋事、制假售假等扰乱社会秩序行为。加强突发事件应急处置法律法规教育培训，增强应急处置法治意识。

（十九）引导、规范基层组织和社会力量参与突发事件应对。完善乡镇（街道）、村（社区）应急处置组织体系，推动村（社区）依法参与预防、应对突发事件。明确社会组织、慈善组织、社会工作者、志愿者等参与突发事件应对的法律地位及其权利义务，完善激励保障措施。健全社会应急力量备案登记、调用补偿、保险保障等方面制度。

七、健全社会矛盾纠纷行政预防调处化解体系，不断促进社会公平正义

坚持将矛盾纠纷化解在萌芽状态、化解在基层，着力实现人民群众权益受到公平对待、尊严获得应有尊重，推动完善信访、调解、仲裁、行政裁决、行政复议、诉讼等社会矛盾纠纷多元预防调处化解综合机制。

（二十）加强行政调解工作。依法加强消费者权益保护、交通损害赔偿、治安管理、环境污染、社会保障、房屋土地征收、知识产权等方面的行政调解，及时妥善推进矛盾纠纷化解。各职能部门要规范行政调解范围和程序，组织做好教育培训，提升行政调解工作水平。坚持“三调”联动，推进行政调解与人民调解、司法调解有效衔接。

（二十一）有序推进行政裁决工作。发挥行政裁决化解民事纠纷的“分流阀”作用，建立体系健全、渠道畅通、公正便捷、裁诉衔接的裁决机制。推行行政裁决权利告知制度，规范行政裁决程序，推动有关行政机关切实履行行政裁决职责。全面梳理行政裁决事项，明确行政裁决适用范围，稳妥推进行政裁决改革试点。强化案例指导和业务培训，提升行政裁决能力。研究推进行政裁决法律制度建设。

（二十二）发挥行政复议化解行政争议主渠道作用。全面深化行政复议体制改革，整合地方行政复议职责，按照事编匹配、优化节约、按需调剂的原则，合理调配编制资源，2022 年年底前基本形成公正权威、统一高效的行政复议体制。全面推进行政复议规范化、专业化、信息化建设，不断提高办案质量和效率。健全优化行政复议审理机制。县级以上各级政府建立行政复议委员会，为重大、疑

难、复杂的案件提供咨询意见。建立行政复议决定书以及行政复议意见书、建议书执行监督机制，实现个案监督纠错与倒逼依法行政的有机结合。全面落实行政复议决定书网上公开制度。

（二十三）加强和规范行政应诉工作。认真执行行政机关负责人出庭应诉制度。健全行政争议实质性化解机制，推动诉源治理。支持法院依法受理和审理行政案件，切实履行生效裁判。支持检察院开展行政诉讼监督工作和行政公益诉讼，积极主动履行职责或者纠正违法行为。认真做好司法建议、检察建议落实和反馈工作。

八、健全行政权力制约和监督体系，促进行政权力规范透明运行

坚持有权必有责、有责要担当、失责必追究，着力实现行政决策、执行、组织、监督既相互制约又相互协调，确保对行政权力制约和监督全覆盖、无缝隙，使党和人民赋予的权力始终用来为人民谋幸福。

（二十四）形成监督合力。坚持将行政权力制约和监督体系纳入党和国家监督体系全局统筹谋划，突出党内监督主导地位。推动党内监督与人大监督、民主监督、行政监督、司法监督、群众监督、舆论监督等各类监督有机贯通、相互协调。积极发挥审计监督、财会监督、统计监督、执法监督、行政复议等监督作用。自觉接受纪检监察机关监督，对行政机关公职人员违法行为严格追究法律责任，依规依法给予处分。

坚持严管和厚爱结合、激励和约束并重，做到依规依纪依法严肃问责、规范问责、精准问责、慎重问责，既要防止问责不力，也要防止问责泛化、简单化。落实“三个区分开来”要求，建立健全担当作为的激励和保护机制，切实调动各级特别是基层政府工作人

员的积极性，充分支持从实际出发担当作为、干事创业。

（二十五）加强和规范政府督查工作。县级以上政府依法组织开展政府督查工作，重点对党中央、国务院重大决策部署落实情况、上级和本级政府重要工作部署落实情况、督查对象法定职责履行情况、本级政府所属部门和下级政府的行政效能开展监督检查，保障政令畅通，督促提高行政效能、推进廉政建设、健全行政监督制度。积极发挥政府督查的激励鞭策作用，坚持奖惩并举，对成效明显的按规定加大表扬和政策激励力度，对不作为乱作为的依规依法严肃问责。进一步明确政府督查的职责、机构、程序和责任，增强政府督查工作的科学性、针对性、实效性。

（二十六）加强对行政执法制约和监督。加强行政执法监督机制和能力建设，充分发挥行政执法监督统筹协调、规范保障、督促指导作用，2024年年底前基本建成省市县乡全覆盖的比较完善的行政执法协调监督工作体系。全面落实行政执法责任，严格按照权责事项清单分解执法职权、确定执法责任。加强和完善行政执法案卷管理和评查、行政执法机关处理投诉举报、行政执法考核评议等制度建设。大力整治重点领域行政执法不作为乱作为、执法不严格不规范不文明不透明等突出问题，围绕中心工作部署开展行政执法监督专项行动。严禁下达或者变相下达罚没指标，严禁将罚没收入同作出行政处罚的行政机关及其工作人员的考核、考评直接或者变相挂钩。建立并实施行政执法监督员制度。

（二十七）全面主动落实政务公开。坚持以公开为常态、不公开为例外，用政府更加公开透明赢得人民群众更多理解、信任和支持。大力推进决策、执行、管理、服务和结果公开，做到法定主动公开内容全部公开到位。加强公开制度化、标准化、信息化建设，提高政务公开能力和水平。全面提升政府信息公开申请办理工作质量，依法保障人民群众合理信息需求。鼓励开展政府开放日、网络问政等主题活动，增进与公众的互动交流。加快构建具有中国特色的公共企事业单位信息公开制度。

（二十八）加快推进政务诚信建设。健全政府守信践诺机制。建立政务诚信监测治理机制，建立健全政务失信记录制度，将违约毁约、拖欠账款、拒不履行司法裁判等失信信息纳入全国信用信息共享平台并向社会公开。建立健全政府失信责任追究制度，加大失信惩戒力度，重点治理债务融资、政府采购、招标投标、招商引资等领域的政府失信行为。

九、健全法治政府建设科技保障体系，全面建设数字法治政府

坚持运用互联网、大数据、人工智能等技术手段促进依法行政，着力实现政府治理信息化与法治化深度融合，优化革新政府治理流程和方式，大力提升法治政府建设数字化水平。

（二十九）加快推进信息化平台建设。各省（自治区、直辖市）统筹建成本地区各级互联、协同联动的政务服务平台，实现从省（自治区、直辖市）到村（社区）网上政务全覆盖。加快推进政务服务向移动端延伸，实现更多政务服务事项“掌上办”。分级分类推进新型智慧城市建设，促进城市治理转型升级。加强政府信息平台建设的统筹规划，优化整合各类数据、网络平台，防止重复建设。

建设法规规章行政规范性文件统一公开查询平台，2022 年年底前实现现行有效的行政法规、部门规章、国务院及其部门行政规范性文件的统一公开查询；2023 年年底前各省（自治区、直辖市）实现本地区现行有效地方性法规、规章、行政规范性文件统一公开查询。

（三十）加快推进政务数据有序共享。建立健全政务数据共享协调机制，进一步明确政务数据提供、使用、管理等各相关方的权利和责任，推动数据共享和业务协同，形成高效运行的工作机制，构建全国一体化政务大数据体系，加强政务信息系统优化整合。加快推进身份认证、电子印章、电子证照等统一认定使用，优化政务服务流程。加强对大数据的分析、挖掘、处理和应用，善于运用大数据辅助行政决策、行政立法、行政执法工作。建立健全运用互联网、大数据、人工智能等技术手段进行行政管理的制度规则。在依法保护国家安全、商业秘密、自然人隐私和个人信息的同时，推进政府和公共服务机构数据开放共享，优先推动民生保障、公共服务、市场监管等领域政府数据向社会有序开放。

（三十一）深入推进“互联网+”监管执法。加强国家“互联网+监管”系统建设，2022年年底前实现各方面监管平台数据的联通汇聚。积极推进智慧执法，加强信息化技术、装备的配置和应用。推行行政执法APP掌上执法。探索推行以远程监管、移动监管、预警防控为特征的非现场监管，解决人少事多的难题。加快建设全国行政执法综合管理监督信息系统，将执法基础数据、执法程序流转、执法信息公开等汇聚一体，建立全国行政执法数据库。

十、加强党的领导，完善法治政府建设推进机制

党的领导是全面依法治国、建设法治政府的根本保证，必须坚持党总揽全局、协调各方，发挥各级党委的领导作用，把法治政府建设摆到工作全局更加突出的位置。

（三十二）加强党对法治政府建设的领导。各级党委和政府要深入学习领会习近平法治思想，把习近平法治思想贯彻落实到法治政府建设全过程和各方面。各级党委要切实履行推进法治建设领导职责，安排听取有关工作汇报，及时研究解决影响法治政府建设重大问题。各级政府要在党委统一领导下，履行法治政府建设主体责任，谋划落实好法治政府建设各项任务，主动向党委报告法治政府建设中的重大问题。各级政府及其部门主要负责人要切实履行推进本地区本部门法治政府建设第一责任人职责，作为重要工作定期部署推进、抓实抓好。各地区党委法治建设议事协调机构及其办事机构要加强法治政府建设的协调督促推动。

（三十三）完善法治政府建设推进机制。深入推进法治政府建设督察工作，2025 年前实现对地方各级政府督察全覆盖。扎实做好法治政府建设示范创建活动，以创建促提升、以示范带发展，不断激发法治政府建设的内生动力。严格执行法治政府建设年度报告制度，按时向社会公开。建立健全法治政府建设指标体系，强化指标引领。加大考核力度，提升考核权重，将依法行政情况作为对地方政府、政府部门及其领导干部综合绩效考核的重要内容。

（三十四）全面加强依法行政能力建设。推动行政机关负责人带头遵守执行宪法法律，建立行政机关工作人员应知应会法律法规清单。坚持把民法典作为行政决策、行政管理、行政监督的重要标尺，不得违背法律法规随意作出减损公民、法人和其他组织合法权益或增加其义务的决定。健全领导干部学法用法机制，国务院各部门根据职能开展本部门本系统法治专题培训，县级以上地方各级政府负责本地区领导干部法治专题培训，地方各级政府领导班子每年应当举办两期以上法治专题讲座。市县政府承担行政执法职能的部门负责人任期内至少接受一次法治专题脱产培训。加强各部门和市县政府法治机构建设，优化基层司法所职能定位，保障人员力量、经费等与其职责任务相适应。把法治教育纳入各级政府工作人员初任培训、任职培训的必训内容。对在法治政府建设中作出突出贡献的单位和个人，按规定给予表彰奖励。

加强政府立法能力建设，有计划组织开展专题培训，做好政府立法人才培养和储备。加强行政执法队伍专业化职业化建设，在完成政治理论教育和党性教育学时的基础上，确保每人每年接受不少于60学时的业务知识和法律法规培训。加强行政复议工作队伍专业化职业化建设，完善管理办法。加强行政复议能力建设，制定行政复议执业规范。加强法律顾问和公职律师队伍建设，提升法律顾问和公职律师参与重大决策的能力水平。加强行政裁决工作队伍建设。

（三十五）加强理论研究和舆论宣传。加强中国特色社会主义法治政府理论研究。鼓励、推动高等法学院校成立法治政府建设高端智库和研究教育基地。建立法治政府建设评估专家库，提升评估专业化水平。加大法治政府建设成就经验宣传力度，传播中国政府法治建设的时代强音。

各地区各部门要全面准确贯彻本纲要精神和要求，压实责任、狠抓落实，力戒形式主义、官僚主义。中央依法治国办要抓好督促落实，确保纲要各项任务措施落到实处。

参考文献

一、中文著作

1. 习近平：《习近平谈治国理政》，外文出版社 2014 年版。

2. 习近平：《习近平谈治国理政》（第 2 卷），外文出版社 2017 年版。

3. 习近平：《习近平谈治国理政》（第 3 卷），外文出版社 2020 年版。

4. 习近平：《习近平谈治国理政》（第 4 卷），外文出版社 2022 年版。

5. 习近平：《习近平著作选读》（第 1 卷），人民出版社 2023 年版。

6. 习近平：《习近平著作选读》（第 2 卷），人民出版社 2023 年版。

7. 中共中央马克思恩格斯列宁斯大林著作编译局编译：《马克思恩格斯选集》（第 4 卷），人民出版社 2012 年版。

8. 俞可平：《论国家治理现代化》，社会科学文献出版社 2015 年版。

9. 俞可平等：《中国的治理变迁（1978—2018）》，社会科学文献出版社 2018 年版。

10. 俞可平等：《中国公民社会的兴起与治理的变迁》，社会科学文献出版社 2002 年版。

11. 俞可平主编：《地方政府创新与善治：案例研究》，社会科学文献出版社 2003 年版。

12. 俞可平主编：《治理与善治》，社会科学文献出版社 2000 年版。

13. 魏礼群：《社会建设与社会管理》，人民出版社 2011 年版。

14. 魏礼群主编：《创新社会治理　决胜全面小康》，红旗出版社 2017 年版。

15. 江必新、王红霞：《国家治理现代化与社会治理》，中国法制出版社 2016 年版。

16. 王利明：《法治：良法与善治》，北京大学出版社 2015 年版。

17. 马怀德主编：《行政法学》，中国政法大学出版社 2009 年版。

18. 马怀德主编：《全面推进依法行政的法律问题研究》，中国法制出版社 2014 年版。

19. 徐汉明等：《社会治理法治研究》，法律出版社 2018 年版。

20. 陶希东等：《共建共享：论社会治理》，上海人民出版社 2017 年版。

21. 宋功德：《建设法制政府的理论基础与制度安排》，国家行政学院出版社 2008 年版。

22. 史云贵：《中国现代国家构建进程中的社会治理研究：一种基于公共理性的研究路径》，上海人民出版社 2010 年版。

23. 张成福、党秀云：《公共管理学》，中国人民大学出版社

2001 年版。

24. 周红云主编：《社会治理与社会创新》，中央编译出版社 2015 年版。

25. 王勇等：《社会治理法治化研究》，中国法制出版社 2019 年版。

26. 王名等：《社会组织与社会治理》，社会科学文献出版社 2014 年版。

27. 童星：《中国社会治理》，中国人民大学出版社 2018 年版。

28. 向春玲主编：《推进国家治理体系现代化》，中共中央党校出版社 2015 年版。

29. 国务院发展研究中心公管所：《社会治理的理论与实践探索》，中国发展出版社 2018 年版。

30. 张志铭、于浩：《转型中国的法治化治理》，法律出版社 2018 年版。

31. 汪世荣、褚宸舸：《枫桥经验：基层社会治理体系和治理能力现代化实证研究》，法律出版社 2018 年版。

32. 胡锦光：《新时代党员干部的法治思维》，中国人民大学出版社 2018 年版。

33. 周旺生：《立法学》，法律出版社 2004 年版。

34. 麻宝斌等：《公共治理理论与实践》，社会科学文献出版社 2013 年版。

35. 何勤华主编：《法治社会》，社会科学文献出版社 2016 年版。

36. 周军等：《社会工作创新：基层社会治理实践研究》，知识产权出版社 2018 年版。

37. 赵建春：《中国国家治理现代化研究》，经济管理出版社2017年版。

38. 王春光等：《迈向社会治理的基层实践》，经济管理出版社2017年版。

39. 杨雪冬：《地方治理的逻辑》，社会科学文献出版社2018年版。

40. 项显生：《政府购买公共服务的法律问题研究》，北京大学出版社2017年版。

41. 全永波等：《社会治理法治化研究——基于舟山市社会基层治理的调查》，光明日报出版社2016年版。

42. 胡建森主编：《政府法治建设》，国家行政学院出版社2014年版。

43. 沈传亮：《大转型——中国治理变革研究》，河北人民出版社2013年版。

44. 李君如：《治理什么样的国家，怎样治理国家》，外文出版社2018年版。

45. 许玉镇：《公众参与政府治理的法治保障》，社会科学文献出版社2015年版。

46. 武小川：《公众参与社会治理的法治化研究》，中国社会科学出版社2016年版。

47. 龚维斌主编：《中国社会治理研究》，社会科学文献出版社2014年版。

48. 袁方成：《国家治理与社会成长——中国城市社区治理40年》，上海交通大学出版社2018年版。

49. 刘爱龙：《社会治理创新中的法治绩效研究》，法律出版社

2019 年版。

50. 陈潭等：《治理的秩序：乡土中国的政治生态与实践逻辑》，人民出版社 2012 年版。

51. 应松年、袁曙宏主编：《走向法治政府》，法律出版社 2001 年版。

52. 关保英主编：《法治政府概论》，中国法制出版社 2018 年版。

53. 柯尊清：《当代中国城市基层社会治理研究——基于政府管理的分析》，科学出版社 2020 年版。

54. 周海南：《基层社会治理创新探索》，江苏人民出版社 2020 年版。

55. 尹华广：《枫桥经验与基层社会治理法治化》，中国人民公安大学出版社 2020 年版。

56. 吴涛等：《法治政府建设与基层社会治理法治化研究》，四川大学出版社 2022 年版。

57. 李坤轩：《社会治理法治化研究》，中国政法大学出版社 2020 年版。

二、中文译著

1. ［古希腊］柏拉图：《法律篇》，张智仁、何勤华译，上海人民出版社 2001 年版。

2. ［古希腊］亚里士多德：《政治学》，吴寿彭译，商务印书馆 1983 年版。

3. ［美］塞缪尔·P. 亨廷顿、［美］琼·纳尔逊：《难以抉择——发展中国家的政治参与》，汪晓寿等译，华夏出版社 1989 年版。

4. ［美］B. 盖伊·彼得斯：《政府未来的治理模式》，吴爱明等译，中国人民大学出版社 2001 年版。

5. ［美］梅里利·S. 格林德尔、［美］约翰·W. 托马斯：《公共选择与政策变迁——发展中国家改革的政治经济学》，黄新华、陈天慈译，商务印务馆 2016 年版。

6. ［美］约翰·克莱顿·托马斯：《公共决策中的公民参与》，孙柏瑛等译，中国人民大学出版社 2010 年版。

7. ［新加坡］约西·拉贾：《威权式法治：新加坡的立法、话语与正当性》，陈林林译，浙江大学出版社 2019 年版。

8. ［英］丹尼斯·C. 缪勒：《公共选择理论》，韩旭等译，中国社会科学出版社 2017 年版。

9. ［美］詹姆斯·N. 罗西瑙主编：《没有政府的治理——世界政治中的秩序与变革》，张胜军、刘小林等译，江西人民出版社 2010 年版。

10. ［美］珍妮特·V. 登哈特、［美］罗伯特·B. 登哈特：《新公共服务：服务，而不是掌舵》，丁煌译，中国人民大学出版社 2010 年版。

11. ［美］理查德·C. 博克斯：《公民治理：引领 21 世纪的美国社区》，孙柏英等译，中国人民大学出版社 2005 年版。

三、中文期刊

1. 俞可平：《治理和善治引论》，载《马克思主义与现实》1999 年第 5 期。

2. 俞可平：《更加重视社会自治》，载《人民论坛》2011 年第 6 期。

3. 俞可平：《治理和善治：一种新的政治分析框架》，载《南京社会科学》2001 年第 9 期。

4. 张文显：《中国法治 40 年：历程、轨迹和经验》，载《吉林大学社会科学学报》2018 年第 5 期。

5. 张文显：《法治与国家治理现代化》，载《中国法学》2014 年第 4 期。

6. 李凤华：《治理理论：渊源、精神及其适用性》，载《湖南师范大学社会科学学报》2003 年第 5 期。

7. 文贯中：《市场机制、政府定位和法治——对市场失灵和政府失灵的匡正之法的回顾与展望》，载《经济社会体制比较》2002 年第 1 期。

8. 陈荣卓、颜慧娟：《法治视域下的社会治理：区域实践与创新路径》，载《江汉论坛》2013 年第 12 期。

9. 吴纪树：《公众参与基层治理的法治保障》，载《劳动保障世界》2018 年第 27 期。

10. 徐汉明、张新平：《网络社会治理的法治模式》，载《中国社会科学》2018 年第 2 期。

11. 马庆钰、贾西津：《中国社会组织的发展方向与未来趋势》，载《国家行政学院学报》2015 年第 4 期。

12. 朱力、葛亮：《社会协同：社会管理的重大创新》，载《社会科学研究》2013 年第 5 期。

13. 杨学科：《论法治型社会治理体制的构建》，载《中共成都市委党校学报》2014 年第 1 期。

14. 赵刚印：《公众参与的应然与实然——增强公众参与社会治理有效性的路径选择》，载《理论探讨》2006 年第 3 期。

15. 孙涛：《以扩大公众参与推进社会治理体制创新》，载《理论导刊》2015 年第 11 期。

16. 戚枝淬：《社会组织内部治理结构法律问题研究》，载《理论月刊》2016 年第 8 期。

17. 李巍：《社会组织公信力问题探究》，载《行政与法》2017 年第 7 期。

18. 夏国永：《国外政府与社会组织合作治理的经验借鉴与启示》，载《经济研究导刊》2012 年第 6 期。

19. 邓少君：《公众参与社会治理：理论逻辑及现实路径》，载《法治社会》2018 年第 1 期。

20. 周晓丽、党秀云：《西方国家的社会治理：机制、理念及其启示》，载《南京社会科学》2013 年第 10 期。

21. 贡太雷：《公众参与社会治理与法治中国建设》，载《南海法学》2018 年第 3 期。

22. 汪斯坦：《公众参与加快城市治理法治化》，载《中国管理信息化》2017 年第 13 期。

23. 胡仙芝：《公众参与制度化是我国社会治理法治化的必由之路》，载《理论研究》2015 年第 3 期。

24. 田丰：《发达国家与地区社会组织参与社会治理的经验与启示》，载《检察风云——社会治理理论专刊》2014 年第 2 期。

25. 邸杨、陈连军：《公民法治意识培养的思考》，载《经济研究导刊》2015 年第 14 期。

26. 李坤轩：《新时代深化“放管服”改革的问题与对策》，载《行政管理改革》2019 年第 6 期。

27. 李坤轩、马玉丽：《法治政府建设的问题反思与解决之道》，载《人民论坛》2016 年第 33 期。

28. 王敬波、李帅：《我国政府信息公开的问题、对策与前瞻》，载《行政法学研究》2017 年第 2 期。

29. 曹鎏：《论我国法治政府建设的目标演进与发展转型》，载《行政法学研究》2020 年第 4 期。

30. 曹胜亮、胡江华：《论马克思主义社会治理思想的中国化表达及其证成逻辑》，载《贵州社会科学》2020 年第 8 期。

31. 戴利朝：《20 世纪以来农村基层社会管理体制的演变历程》，载《云南民族大学学报（哲学社会科学版）》2017 年第 6 期。

32. 丁鹏、李明修：《新时代背景下农村基层治理法治化路径研究》，载《农业经济》2020 年第 5 期。

33. 胡业勋：《城市社区治理法治化的理论偏误及体系改进——以 C 市 Q 区的实践为分析样本》，载《中国行政管理》2020 年第 3 期。

34. 李玲玲：《如何让社区治理走向法治轨道——以哈尔滨市为例》，载《学会》2017 年第 4 期。

35. 李晟赟：《政社互嵌：一个西部地区依法治理社区的思路——以甘肃省 H 市为例》，载《地方治理研究》2020 年第 4 期。

36. 梁迎修：《我国城市社区治理法治化探析》，载《郑州大学学报（哲学社会科学版）》2014 年第 2 期。

37. 刘艺：《国家治理理念下法治政府建设的再思考——基于文本、理念和指标的三维分析》，载《法学评论》2021 年第 1 期。

38. 卢福营：《二元到三元：基层社会治理的结构变迁》，载《社会科学》2020 年第 5 期。

39. 罗峰、徐共强：《基层治理法治化视野下的权力清单制度——基于上海市两个街道的实证研究》，载《复旦学报（社会科学版)》2018 年第 2 期。

40. 马怀德：《习近平法治思想中法治政府理论的核心命题》，载《行政法学研究》2020 年第 6 期。

41. 孟莉：《乡村治理法治化建设的现实困境与路径》，载《领导科学》2019 年第 24 期。

42. 莫于川：《法治国家、法治政府、法治社会一体建设的标准问题研究——兼论我国法制良善化、精细化发展的时代任务》，载《法学杂志》2013 年第 6 期。

43. 彭澎：《农村基层治理法治化的制度内涵与发展目标研究》，载《湖北社会科学》2016 年第 12 期。

44. 任克强：《政府主导城市基层治理模式的现代转向》，载《南京社会科学》2021 年第 3 期。

45. 沈月娣、罗景华、李官金：《农村基层治理法治化建设研究——以浙江省湖州市、丽水市为例》，载《浙江师范大学学报(社会科学版)》2017 年第 1 期。

46. 王思斌：《新中国 70 年国家治理格局下的社会治理和基层社会治理》，载《青海社会科学》2019 年第 6 期。

47. 杨舒然：《当代中国马克思主义治理理论的新发展——学习习近平关于社会治理的重要论述》，载《西安财经大学学报》2021 年第 1 期。

48. 郑安兴：《社区治理现代化的意涵阐释》，载《华南师范大学学报（社会科学版)》2018 年第 3 期。

49. 钟宁、沈锐：《改革开放以来中国社会治理体制变迁的历程》，载《长春理工大学学报（社会科学版)》2019 年第 1 期。

50. 卓泽渊：《推进法治中国建设的现实任务》，载《行政法学研究》2020年第6期。

51. 石朝勇：《基层社会治理法治化的主要问题和法律建议》，载《重庆行政》2017年第10期。

52. 余钊飞、罗雪贵：《枫桥经验：基层社会治理法治化的历史演进》，载《山东科技大学学报（社会科学版）》2018年第3期。

53. 童彬：《基层社会治理法治化：基本现状、主要问题和实践路径》，载《重庆行政》2018年第8期。

54. 张何鑫：《软法在基层社会治理法治化中的功能及价值研究》，载《行政与法》2022年第3期。

四、博士、硕士论文

1. 兰红燕：《我国乡村社会治理法治化研究》，河北师范大学2019年博士学位论文。

2. 尚巧艳：《马克思主义法治理论视域下社会治理法治化研究》，兰州理工大学2018年硕士学位论文。

3. 杨佩怡：《城市社区治理法治化研究——以南京市新街口商业街社区为例》，南京师范大学2017年硕士学位论文。

4. 白雯婧：《我国社区治理法治化建设对策研究——以苏州社区治理的实践经验为例》，苏州大学2018年硕士学位论文。

5. 潘今艳：《过渡型社区治理法治化的路径探索——以苏州工业园区唯亭街道为例》，苏州大学2018年硕士学位论文。

6. 沙莎：《城市社区治理法治化路径研究——以兰州市金塔巷社区为例》，兰州理工大学2019年硕士学位论文。

7. 刘伟红：《基层治理法治化的推进及问题研究——以东营市东营区为例》，山东师范大学2019年硕士学位论文。

8. 魏杰：《西南地区城市社区治理法治化实践研究》，云南财经大学 2022 年硕士学位论文。

9. 李梦婷：《法治政府建设视阈下社区治理法治化建设路径研究——以亳州市 H 社区为例》，安庆师范大学 2022 年硕士学位论文。

10. 陶成燕：《上海市 P 区社区治理法治化建设的问题与对策》，华东师范大学 2022 年硕士学位论文。

11. 王冬冬：《基层社会治理法治化问题研究》，东北财经大学 2015 年硕士学位论文。

后记

回顾这本书的写作过程，从最初的理论构想到最终的成书，每一个步骤都充满着艰辛和挑战，但合笔之时，更多的是释然和感激。

对于本书的理论内容，我希望它能够给相关领域的学者提供一个新的研究视角。在撰写过程中，我努力结合国内外的相关研究动态，力求做到前沿理论与实践创新的结合。虽然书中的一些观点仍有待商榷，但我也相信，它们能为后续的相关研究提供有益的启示。

本书的出版得到了法律出版社的大力支持。在此，感谢所有参与本书审稿、提出宝贵意见的编辑和专家，你们的严谨态度和专业精神让我更深刻理解了学术研究的严肃性。同时，感谢我的导师和学术前辈们，是你们的指导和鼓励让我在理论研究这条道路上坚定前行。最后，我要向读者致以诚挚的感谢，您的阅读是对我最大的支持。

理论研究没有止境，谨以此书，献给在这条路上前行的人们！

杨　旭

2024 年 7 月于中共重庆市沙坪坝区委党校综合楼 205 室